전문가가 읽어주는 아들러 개인심리학

행복해지는 관심

전문가가 읽어주는 아들러 개인심리학

행복해지는 관심

1판 1쇄 발행 2015년 9월 22일
1판 2쇄 발행 2016년 3월 11일

지은이 알프레트 아들러
옮긴이 박일귀
해설 김춘경
펴낸이 박찬영
편집 서유진, 이현정, 이효숙
디자인 이재호
마케팅 이진규, 장민영

발행처 리베르
주소 서울시 성동구 성수일로77 서울숲IT밸리 301호
등록번호 제2003-43호
전화 02-790-0587, 0588
팩스 02-790-0589
홈페이지 www.리베르.com
커뮤니티 blog.naver.com/liber_book(블로그)
www.facebook.com/liberschool(페이스북)
e-mail skyblue7410@hanmail.net

ISBN 978-89-6582-192-2 (03180)

리베르(Liber 전원의 신)는 자유와 지성을 상징합니다.

전문가가 읽어주는 아들러 개인심리학

행복해지는 관심

the science of living

알프레트 아들러 지음
김춘경 해설
박일귀 옮김

리베르

아들러 심리학, 그 열정의 온도를 직접 느껴 보길!

번역을 하려고 책을 펼쳤다. 이 책의 원서가 아닌 베스트셀러 『미움받을 용기』였다. 두 가지 이유가 있다. 하나는 번역을 위한 사전 작업으로 아들러에 대해 알아보기 위해서다. 다른 하나는 이 책이 왜 베스트셀러가 되었는지 궁금해서였다.

무엇보다 독자들은 제목에 마음이 확 끌리지 않았을까. 미움이 아닌 사랑을 받고 싶어 안달 난 사람들에게, 사랑이 삶의 이유이자 목적이 되어 남의 눈치 보느라 늘 피곤하게 사는 사람들에게, 이 제목은 이제는 그럴 필요 없다는 기대감과 해방감을 안겨 준다. 책의 내용은 제목을 보고 가지게 된 기대감을 만족시켜 주기에 부족함이 없었다.

하지만 1921년에 출간된 아들러의 원서에서 받은 첫인상은 많이 달랐다. 마치 정신 장애인의 사례들을 모아 놓은 무정한 의사의 보고서처럼 느껴졌다. 실제로 아들러는 의사였고 정신병을 겪고 있는 사람들을 상담하는 데 누구보다 앞장선 사람이었다.

아들러는 정상적인 사람에게는 큰 관심이 없었다. 사회에서 '비정상'으로 분류된 사람들, 즉 알코올 의존증자, 성도착자, 신경증 환자, 자살

기도자와 같은 사람들만 아들러의 눈에 들어왔다. 이 책은 대중서가 아니라 심리학이나 상담학과 같은 특수 분야의 교재가 아닌가!

그런데 웬일인지 아들러가 제시하는 수많은 사례와 설명을 보면서 나도 모르게 생각에 깊이 잠기는 일이 많아졌다. 나는 어떤 사람이지? 어릴 적, 그러니까 4~5세 때 나에게는 무슨 일이 있었을까? 내 인생의 목적은 무엇이고 어떤 삶의 양식을 가지고 있지? 어린 시절 열등감 덩어리라며 자책했는데, 성인이 된 지금 나는 어떻게 살고 있지? 앞으로는 어떻게 살아야 하지? 사회 속에서 어떻게 사람들과 어울려 살아야 하지? 나는 과연 잘 살 수 있을까? 마음속 질문들은 끝없이 이어졌다.

분명 아들러는 정신 장애인들의 이야기를 하고 있는데 정상인이라고 자부하던(?) 역자가 책을 보면서 스스로를 돌아보고 있었다. 사실 정신 장애인들의 이야기만이 아니었던 것이다. 나의 이야기, 우리 가족의 이야기, 우리 이웃의 이야기였다. 나는 무릎을 쳤다. 아, 이게 아들러를 읽어야 하는 이유구나! 프랑스 철학자 미셸 푸코의 생각처럼 정상과 비정상의 구분은 인위적이고 무의미하다. 게다가 폭력적이기까지 하다. 누구나 어느 정도는 정상과 비정상의 경계 위에 서 있기 때문이다.

오늘날 사회가 각박해지면서 개인에게서 비정상적인 모습이 더 많이 나타난다. 정신과에서 심리 상담을 받는 사람들이 많아지고 사이코패스 범죄나 '묻지마 범죄'도 늘고 있다. 사회가 얼마나 병들었는지 보여 주는 뼈아픈 단면이기도 하다.

번역을 마무리할 즈음 이 책이 우리 사회의 필독서가 되면 좋겠다는 생각이 들었다. 모두가 꼭 읽지는 않더라도 아들러의 생각이 우리 사회에 널리 퍼져 나갔으면 하는 바람이 생겼다. 인간에 대한 차가운 분석이 아닌 따뜻한 관심과 애정이 널리 퍼졌으면 한다.

　이미 아들러 열풍 속에서 많은 독자들이 위로받고 용기를 얻고 있지만, 원전을 통해 아들러의 생생한 목소리를 전해 듣고 그 열정의 온도를 직접 느껴 보면 더 좋지 않을까. 옮긴이가 아들러의 목소리를 충실히 전달했는지 모르겠다. 하지만 아들러의 열정과 따뜻한 마음만큼은 독자들과 깊이 공유할 수 있을 것이라고 믿는다. 아들러가 역설한 사회적 관심이 사회 구성원들을 두루두루 행복하게 만드는 '행복해지는 관심'이 되길 바라 본다.

박일귀 씀

차례

아들러의 생애

알프레트 아들러(Alfred Adler)는 프로이트(Sigmund Freud), 융(Calr Jung)과 함께 심층 심리학의 3대 거장으로 손꼽힌다. 제3 심리학의 대부인 매슬로(Abraham H. Maslow)는 아들러를 '그 시대가 알아보지 못한 사람', '그 시대가 따라잡지 못한 사람'이라고 불렀다. '해가 갈수록 아들러가 옳았음을 인정할 수밖에 없었다.'라고 고백하기도 했다. 아들러는 자신의 이론과 사상을 펼친 지 100년이 지난 지금에서야 우리에게 가까이 다가왔다. 그는 개인 심리학의 창시자일 뿐 아니라 최초의 실존주의 심리학자, 최초의 인본주의 심리학자, 최초의 긍정 심리학자로 인정받고 있다. 아들러 심리학은 사회 심리학, 대인 심리학, 용기의 심리학, 실용 심리학, 실천 심리학으로 소개되고 있다.

아들러는 오스트리아 빈 근교 펜칭(Penzing)에서 유대인 중산층 상인인 아버지 레오폴트 아들러(Leopold Adler)와 어머니 파울린 아들러(Pauline Adler) 사이에서 6남매 가운데 둘째 아들로 태어났다. 어린 시절 아들러는 병치레가 잦았다. 구루병 때문에 네 살이 되어서야 걸음마를 시작했고, 폐렴 때문에 죽을 고비를 넘겼으며, 자동차에 치이기까지 했다. 병약했던 아들에게 어머니의 관심과 손길이 가는 것은 당연한 일인데도, 아들러는 당시 자신이 어머니에게 과잉보호를 받았다고 회고한다. 그러나 그것도 잠시, 아들러는 동생이 태어나자 어머니의 사랑을 빼앗기게 된다. 아들러가 이때 경험을 상세히 회고한 것은 '출생 순위'와 '과잉보호'라는 개념이 생활 양식(life style) 형성에 매우 중요하기 때문이다. 어린 시절에 이미 평생을 사용할 생활 양식이 형성되기 때문에 어린 시절의 경험은 매우 중요하다. 부모의 양육 태도, 형제간의 관계, 출생 순위, 가족의 분위기 등은 한 사람의 생활 양식을 형성하는 데 큰 역할을 한다.

잦은 병치레와 동생의 사망으로 인해 아들러는 어린 시절에 이미 죽음에 대한 공포와 싸워 이기겠다는 삶의 목표를 세웠다. 이를 위해 의사를 장래 직업으로 선택했다. 삶의 목표란 어릴 적 겪었던 고통과 괴로움을 극복하는 데서 나타나는 것이다. 아들러는 삶의 중요한 과제 중 하나인 직업에 대한 관념이 삶의 목표와 관련 있다고 주장했다. 또 교육적 차원에서 자녀들에게 어려서부터 직업에 관한 의식을 심어 줄 것을 강조하기도 했다.

아들러의 어릴 적 경험은 그의 이론과 사상이 발전하는 데 크게 기여했다. 삶의 경험과 사상적 발전은 뗄 수 없는 것이기에 당연한 일일 것이다. 특히 아들러는 어린 시절의 기억을 인간의 심리를 파악하는 주요한 전략으로 개발시켰기 때문에, 그의 어린 시절의 경험과 기억은 아들러를 이해하는 데 매우 중요한 열쇠다.

동생에 대한 기억 외에 형과의 관계도 아들러에게 중요했다. 두 살 많은 형 지그문트 아들러(Sigmund Adler)는 어린 시절 아들러에게 심한 열등감을 안겨 준 존재였다. 아들러는 어린 자신이 아파서 침대에 누워 있고 활달하고 건장한 형은 밖에서 뛰어 놀던 장면을 잊지 못했다. 형의 건강함에 열등감을 느끼고 있었던 것이다.

아들러는 학창 시절 평범한 학생이었다. 수학 시험에 낙제점을 받아 부모님이 학교에 불려 간 적도 있었다. 한번은 아들러의 담임이 아버지를 불러 "아들러는 성적이 나빠 기술계 학교에 가서 구두 수선공이 되는 것이 적합하겠다."라고 진로 지도를 했다고 한다. 이 말을 들은 아버지는 아들러와 산책을 하며 "지금부터라도 노력하면 원하는 일을 할 수 있다."라고 격려해 주었다. 아들러는 아버지의 깊은 관심과 사랑을 받으면서 성장했다. 아버지의 격려로 아들러는 최우수 학생으로 졸업했다. 이후 명문인 빈(Vienna)대학교 의과대학에 입학해 의학을 공부했다. 아들러의 어릴 적 이야기를 살펴보면 아들러의 주요 개념인 열등감, 열등감 보상, 우월 추구의 노력, 출생 순위, 격려 등이 어떻게 탄생되었는지 이해할 수 있을 것이다.

대학 시절 아들러는 사회주의 학생 연합(Sozialistischen Studentenvere -in) 회원으로 활동하면서 정치학, 경제학, 사회학 등을 두루 섭렵했다. 사회 문제와 사회적 신분에 대해 깊은 관심을 가진 아들러는 마르크스의 저서를 많이 읽었다. 아들러는 1895년에 빈대학교에서 의학 박사 학위를 취득하고, 1897년에 러시아에서 온 지적인 사회주의 운동가, 레이사 티모페예브나 엡스타인(Raissa Timofejewna Epstein)과 결혼했다. 졸업 후에도 아들러는 심리학, 철학, 사회 과학을 꾸준히 공부했다. 아들러의 핵심 개념인 '공동체감' 또는 '사회적 관심'은 이 시절의 경험에서 탄생된 것으로 보인다.

아들러는 1898년에 안과 의사로 첫 개업을 했다. 의사 생활을 하면서 눈이 나쁜 사람일수록 탐욕스런 독서가가 되고 싶어 한다는 놀라운 사실을 깨닫고 이에 주목했다. 또 모든 인간의 발전은 무의식중에 열등감을 극복하려고 열심히 노력하는 가운데 이루어진다는 진리도 발견했다. 그후 아들러는 일반 내과에서 신경학과 정신 의학으로 관심 분야를 전환했다. 아들러의 병원이 있던 지역에는 빈의 하층민들이 많이 살고 있었고 유원지와 서커스 공연장이 있었다. 아들러를 찾는 환자들 중에는 서커스를 하는 사람들도 있었다. 아들러는 이들을 통해 인간의 특수한 강점과 약점을 발견하고 '기관 열등'이나 '보상'과 같은 개념을 통찰하게 된다.

1902년 가을에 아들러와 프로이트의 역사적인 만남이 이루어졌다. 아들러가 프로이트의 이론을 지지하는 논문 두 편을 발표하자 프로이트는 아들러를 자신의 토론 그룹에 초대했다. 그 후 이 모임은 1910년 아들러가 의장이 된 빈 정신분석학회(Vienna Psychoanalytic Society)로 발전했다. 이 모임에서 아들러는 정신과 의사로는 처음으로 교육 문제에 적극적인 관심을 보였고, 교육의 문제를 예방 의학 차원에서 심층 심리학적(depth-psychology)으로 접근해 해결하려고 노력했다. 아들러의 첫 심리학 논문인 「교육자로서의 의사」가 1904년에 출판되었는데, 여기서 아들러는 '자신의 강점에 대한 아동의 확신'이 중요하다는 사실을 강조했다. 특히 허약한 아동이나 응석받이의 지도와 관련해서는 더욱 그러했다.

아들러는 아동의 가장 큰 자산은 삶에 대처할 수 있는 '인간적 용기(personal courage)'라고 믿었다. 아동이 부모와 교사를 두려워하지 않고 자신의 행동 결과를 자연스럽게 경험하게 함으로써 인내심을 기를 수 있도록 도와주는 것의 중요함을 강조했다. 최근 한참 유행하고 있는 '긍정 심리학', '강점 기반 교육' 등은 이미 100년 전 아들러가 강조했던 교육 내용의 일부인 것이다. 아들러는 중요한 원리에 따라 부모와 교사가 아동을 지도할 수 있도록 강연뿐 아니라, 교육 제도 개선과 교육 상담 시설 마련에도 헌신적인 노력을 기울였다.

1910년 아들러는 빈 정신분석학회 회장으로 선출되었으며, 정신분석학회지 편집 일을 도맡았다. 초기에는 프로이트와 조화로운 관계를 맺었지만, 프로이트는 획일적인 태도로 자신의 이론에 충성할 것을 강요했다. 결국 아들러는 회장이 된 지 1년 후에 정신분석학회를 탈퇴했다.

인간의 기본 동기에 대해 아들러는 권력에의 의지를 표명했는데, 이것은 프로이트의 쾌락 원칙에 대립해 생긴 결과였다. 정신분석학회 탈퇴 후 아들러는 대부분 사회주의적이면서 교육적 이념을 강조하는 추종자들과 함께 '학생자유정신분석학회(Society for Free Psychoanalytic Inquiry)'를 결성했다. 1912년에는 개인 심리학이라는 용어를 빌려 자신의 학회의 이름을 '개인심리학회(Society for Individual Psychology)'로 바꾸었다.

아들러는 제1차 세계 대전에 군의관으로 참전했다. 전후 오스트리아 정부의 부탁으로 신경증 증상을 보이는 학생과 부모가 상담을 받을 수 있는 아동 상담 센터를 설립했다. 이 센터는 현재 지역 사회 정신 치료 센터의 선구자적 역할을 한 것으로 보인다. 아들러는 빈의 공립 학교에 최초의 아동 상담 센터를 설립해, 교사·사회사업가·의사 등의 전문가를 양성했다. 아동 상담 센터에서 아들러는 부모 교육, 부모 상담 프로그램, 교사 교육, 집단 상담의 새로운 장을 개척했다. 혁명적인 시도였던 아들러의 아동 상담 센터는 유럽 전역으로 빠르게 확산되었다. 아들러는 의사, 교사, 부모 등 많은 청중들 앞에서 집단 치료와 가족 치료를 실시했다. 다른 전문가들이 상담의 상호 과정을 직접 관찰하고 배울 수 있도록 모의실험 상황(demonstration)을 이용한 것이다. 그는 내담자와 공개적으로 일한 최초의 사람이다. 이러한 시도는 매우 용기 있는 행동으로 인정받고 있다. 당시 어떤 임상가도 아들러처럼 모험을 하지 않았다. 자신의 기술과 정보를 공유하지 않는 것이 보통이었다. 이처럼 아들러는 내담자뿐만 아니라 자신에게도 용기를 강조해, 용기 있는 치료사로서 많은 도전을 했다.

1926년 아들러는 미국에서 첫 순회강연을 연 후 미국을 자주 방문했다. 1927년에는 미국 콜롬비아대학과 객원 교수 계약을 맺었고, 1932년부터 1937년까지는 롱아일랜드의과대학 정신과 객원 교수로 초빙되었다. 아들러는 미국, 네덜란드, 프랑스, 스웨덴, 벨기에, 체코, 독일, 유고슬라비아, 영국, 스코틀랜드 등지를 돌면서 수없이 많은 강연을 했고 자기이론을 추종하는 사람들을 많이 만들어 냈다.

아들러 주변 사람들의 회고록에는 아들러가 인생을 즐긴 낙천적인 사람이라고 기록되어 있다. 그는 이야기하기를 즐기고 피아노를 치면서 노래하는 것도 좋아했다. 그런데 1934년 빈에 세워진 아동 상담 센터 28개가 폐소되는 일이 발생했다. 1935년에는 유럽에서 나치의 압제가 시작되어 사회 평등에 관한 급진적 사상을 지닌 아들러는 미국으로 망명해야만 했다. 미국에 정착한 후에도 여러 곳을 다니며 강연을 했다. 1937년 아들러는 스코틀랜드 애버딘에서 순회강연 중 갑작스럽게 사망했다.

아들러의 죽음 이후 아들러 심리학에 대한 관심이 점점 퇴조했다. 아들러의 제자들은 나치 정권이 들어서고 제2차 세계 대전이 발발하면서 유럽 대륙과 다른 지방으로 흩어졌다. 그들 가운데 상당수는 미국으로 건너갔는데, 미국에서는 프로이트 심리학과 많은 부분에서 대립하는 아들러의 사상에 심한 거부 반응을 보였다. 그러나 제2차 세계 대전 이후 개인 심리학은 다시 르네상스를 맞이했다. 루이스(Victor Louis), 라트너(Josef Rattner), 스펄버(Manes Sperber), 특히 드라이커스(Rudolf Dreikurs)와 그의 동료 및 제자들에 의해 아들러의 개인 심리학은 재조명받기 시작했고 지금까지 계속해서 발전하고 있다.

아들러는 인간을 가치 있는 존재, 사회적으로 동기화될 수 있는 존재, 창의적이고 독립적인 행동을 할 수 있는 존재로 보았다. 사회적 민주주의의 개념에 기초를 둔 아들러의 이론은 니체(Friedrich Nietzsche)와 파이잉거(Hans Vaihinger)의 철학에서 영향을 많이 받았다.

아들러가 남긴 풍부한 생각과 기술 들은 오늘날에도 상담하는 데 전문 지식으로 많이 이용되고 있다. 뉴욕 시에서 심리 치료를 하고 있는 아들러의 아들 커트 아들러(Kurt Adler)는 아버지의 혁신적인 공헌 중에 중요한 예들을 모아 소개했다.

"아들러는 최초의 인본주의 심리학자다."(앨버트 앨리스, 인지정서행동치료 창시자)

"아들러는 실존주의 심리학의 창시자다."(필리스 보텀, 정신 병리학자 · 소설가)

"실존주의 정신 운동의 선구자이며, 아들러가 성취하고 달성한 바는 코페르니쿠스의 발견에 버금간다."(빅토르 프랑클, 의미치료 창시자)

"해가 갈수록 아들러가 점점 옳다는 생각을 하게 된다. …… 그 시대가 아들러를 따라잡지 못했다고 말하고 싶다."(에이브러햄 매슬로, 심리학자 · 철학자)

확실히 아들러는 시대를 앞서간 사람이었다. 평등 사회에 관한 신념이 확고했던 그는 1920년대에 두 세대가 지나면 여성들이 진정한 평등을 성취하게 될 것이라 예측했다. 아들러의 예측은 정확했다. 과거 1970년대와 1980년대에 일어난 여성 평등 운동은 성공적이었다. 아들러는 여성을 지배하는 남성과 전후 유럽을 압박했던 전제 정권이 크게 다르지 않다고 보았다. 아들러는 원만하고 건강한 관계와 상호 협력을 불평등이 불가능하게 만든다고 강조했다.

아들러가 역설한 평등한 사회는 덴마크 조각가이자 초기 '해방주의자(liberationist)'인 티라 볼센(Tyra Bolsen)에게 커다란 인상을 남겼다. 볼센은 여성 해방을 기념하는 기념비 설립을 위한 계획에 아들러의 사상을 반영했다. 볼센은 많은 여성을 모델로 조각 작품을 남겼는데, 남성 모델로는 아들러가 유일하게 선정되었다고 한다.

아들러는 긍정의 사람, 용기의 사람, 겸손의 사람으로 시대의 어둠을 밝히고, 혼란과 좌절, 불평등과 파괴를 공동체감과 사회적 관심으로 극복하려 했던 선구자였다.

아들러의 사상

열등감, 우월감, 열등 콤플렉스, 보상, 우월 추구, 생활 양식, 공동체감에 대해서 모르고 있는 사람은 거의 없을 것이다. 그런데 이 개념들의 창안자를 아는 사람 또한 거의 없다. 이와 관련된 에피소드가 하나 있다. 아들러가 강연을 마친 뒤 어느 기자가 아들러에게 "당신의 이론은 너무 쉽고 평범해 상식선에서 이해가 가능합니다. 본인은 이 점을 어떻게 생각하십니까?"라고 질문했다. 이에 아들러는 다음과 같이 대답했다고 한다.

"그게 사실입니까? 정말 그렇게 생각하십니까? 그러면 저는 성공한 겁니다. 제 이론이 학술적이고 독단적인 것이 되어서 일반 사람에게 어렵게 느껴지는 것을 가장 경계했습니다. 많은 사람이 제 이론을 쉽게 이해해서 삶에 적용하기를 바랐습니다. 그렇게 말씀해 주시니 정말 감사합니다."

아들러의 사상은 어렵지 않으면서도 체계적이다. 아들러는 우리가 다 알지 못하는 삶의 문제와 행동을 심층적으로 이해할 수 있게 도왔다. 또한 문제를 해결할 수 있는 길을 친절하고 쉬운 방식으로 소개했다.

아들러의 사상을 설명하는 데 빼놓을 수 없는 주요 개념으로는 열등감, 우월감, 우월 추구, 보상 기제, 가상적 목적론, 창조적 힘, 공동체감 및 사회적 관심, 생활 양식, 전체성 등이 있다. 아들러의 제자들도 어느 것이 가장 중요한 것인지 고민했다고 한다. 확실한 결론은 내리지 못한 것 같다. 짧은 지면에 모든 개념을 소개할 수는 없고, 중요한 개념을 중심으로 소개하고자 한다.

'전체성'을 강조한 '개인 심리학'

아들러는 자신의 이론을 '개인 심리학(Individual Psychology)'이라 불렀다. 인간을 전체적으로 보아야 한다는 입장을 강조하기 위해 지은 이름이다. 'in-divide(나누지 못하는)'라는 어원을 지닌 'individual'은 나눌 수 없는 '전인(全人)'이라는 의미를 지닌 라틴어의 'individum'에서 온 것이다. '개인-심리학'이라는 이름은 언뜻 보면, 사회 심리학적 개념인 '공동체감', '사회적 관심'과는 상충된 개념으로 보인다. 따라서 명칭을 바꾸자는 의견도 있었다. 하지만 아들러는 인간의 전체성을 강조하기 위해 이 이름을 고수했다.

아들러가 고수한 '개인 심리학'이라는 이름은 프로이트의 정신 분석학(psychoanalysis) 이론과 가장 대비되는 개념이다. 프로이트는 인간 정신의 장(場)을 둘 또는 셋으로 나누었고, 이들을 서로 배타적이고 적대적인 관계로 보았다. 따라서 그의 이론을 '정신 분석학'이라고 부른다. 이에 반해 아들러는 인간의 의식과 무의식, 신체와 정신은 분리된 것이 아니라, 상호 작용하면서 연관되어 있고 서로 의존하는 것으로 보았다. 인간을 자신의 목표를 향해 일정한 삶의 양식을 따라 살아가는 역동적이고 통합된 유기체로 본 것이다.

아들러를 극찬한 매슬로도 아들러의 전체성 개념에서 개인 심리학파의 우수성을 확인했다.

"나는 해가 갈수록 아들러가 더욱더 옳다는 생각이 든다. 사실이 밝혀지면서 인간에 대한 아들러의 이론은 더욱 강한 지지를 받는다. 특히 어떤 면에서는 이 시대가 아직 아들러를 쫓아가지 못한다고 생각한다. 내가 말하고자 하는 것은 아들러의 전체성에 대한 강조다."

정신 건강의 척도 '공동체감'

개인 심리학을 '사회 심리학(social psychology)' 또는 '대인 심리학(interpersonal psychology)'으로 본다. 개인 심리학을 처음 접하는 사람은 이 사실에 매우 혼란스러워한다. 대인 심리학과 사회 심리학은 이름만 보아서는 개인 심리학과 상반되는 것처럼 보이기 때문이다. 하지만 개인 심리학에서 가장 강조하는 개념은 공동체감이다.

아들러는 '공동체감(Gemeinschaftsgefühl)'을 개인 심리학에서 가장 특수한 위치를 차지하는 개념이라고 소개했다. 개인 심리학에서 공동체감은 정신 건강의 척도다. 사람이 어느 정도의 공동체감을 지녔는가를 보면 그 사람의 정신 건강의 정도를 알 수 있다.

게임 치료를 받았던 5살 수철이의 사례를 들어 보겠다. 수철이는 상담실에 와서 상담자와 게임을 하고 싶어 했다. 상담 초기에는 게임에서 지면 화를 내고 게임 판을 뒤집거나 안 한다고 떼를 썼다. 하지만 상담이 진행되면서 게임에 지면 기분 나쁜 표정을 짓기는 해도 처음처럼 화를 내거나 떼를 쓰지는 않았다. 이기려고 노력은 했지만 진다고 해서 게임 판을 뒤집는 경우는 거의 사라졌다. 상담자가 생각을 하느라 시간을 끌어도 기다릴 줄 아는 아이로 변해 가고 있었다. 상담이 종결될 시기에는 더욱 많이 달라졌다. 더 이상 승부에 크게 연연하지 않았고, 상담자가 계속 질 경우에는 일부러 져 주기도 했다. 게임의 규칙을 바꿔서 상담자가 이기도록 배려하는 모습도 보여 주었다. 따로 심리 검사를 하지 않아도 수철이의 공동체감, 타인에 관한 관심과 협동 능력의 향상을 보면 수철이의 정신 건강이 향상되었다는 것을 알 수 있다.

초등학교 2학년인 인용이도 소개하고 싶은 아이다. 3~40대 부부 모임에서는 회원들의 집을 돌면서 한 달에 한 번씩 모임을 가졌다. 회원들 모두 결혼해 한두 명의 자녀가 있고, 자녀들의 연령은 2세부터 10세까지다. 인용이가 제일 나이가 많았고, 인용이 부모님의 나이도 가장 많았다. 모임의 리더격인 회원이라 인용이의 부모님이나 인용이는 자신의 집에서 갖는 모임에 신경을 많이 썼다. 인용이의 어머니는 음식을 장만하고,

아버지는 집 청소를 하고, 인용이는 어린 손님들을 위한 놀이 프로그램을 마련했다. 돌보아야 할 꼬마 손님이 13명이나 되었다. 어른 손님보다 꼬마 손님 돌보기가 더 어려운 일이다. 인용이는 땀을 뻘뻘 흘리면서 동생들을 데리고 즐겁게 놀아 주었다. 덕분에 부모들은 오랜만에 아이들의 방해를 받지 않고 편안하게 식사하며 즐겁게 담소를 나눌 수 있었다.

모임이 끝나고 집으로 돌아갈 때쯤 어른들은 인용이 덕분에 어린 꼬마들이 엄마 아빠를 안 찾고 자기들끼리 잘 놀았다는 사실을 알게 되었다. 한 아이의 엄마가 인용이를 크게 칭찬해 주었다. 이때 인용이의 표정은 지금도 잊을 수 없다. '왜 그러세요? 뭐가요?'라며 어색해 하던 표정 뒤에서 다음과 같은 말을 속으로 하는 듯했다.

'왜 칭찬을 하시나요? 당연히 해야 할 일을 했을 뿐인데요. 오늘 우리 집에 온 손님들이 즐겁게 놀 수 있도록 돕는 일이 내 일이고 난 내 일을 했어요. 내가 왜 칭찬을 받아야 하지요? 왜 칭찬을 해 주시나요? 칭찬받는 일은 정당하지 않아요.'

독자에게 자랑하고 싶은 어르신이 한 분 계시다. 그분은 백화점에서 바지 한 벌 살 수 있는 돈으로 근처 시장에서 바지 대여섯 벌을 사서 이웃들과 나누어 입으셨다. 곗돈이나 적금을 타서 목돈이 생기면 등록금이 없는 학생이나 치아가 나빠 틀니를 해야 하는 노인 등 그 돈이 꼭 필요한 사람을 돕곤 하셨다. 이웃끼리 사이가 좋지 않은 동네에 이사 가서도 한 달 안에 사람들 사이를 좋게 만드는 분이시다. 나눔의 철학과 함께함의 철학을 삶으로 실천한 분이시다. 이런 분이 신경증이나 정신병에 걸릴 일은 평생 없을 것이다. 갈수록 서로를 믿고 의지하기보다는 경계하고 조심해야 하는 각박한 사회에서 신경증 환자와 정신병 환자가 늘어나는 것은 당연하다.

아들러는 인간의 문제가 집단 안에서 자신이 가치 있는 존재로 받아들여지지 않을 것이라는 두려움과 불안에서 비롯한다고 보았다. 인간은 소속감을 느낄 때 용기 있게 문제를 다룰 수 있다. 극단적인 경우지만, '밀림에서 혼자 사는 인간'을 상상해 보면 공동체가 얼마나 소중한지 알 수 있다. 아들러는 공동체감이 인간의 개인적 약점과 자연적 약점을 보상하는 데 꼭 필요할 뿐 아니라 인간의 문제를 해결하는 올바른 방법이라고 강조했다.

아들러가 보기에 신경증, 정신병, 범죄, 알코올 의존증, 자살 등 정신적 문제를 가진 사람들에게는 모두 공동체감이 부족했다. 사회적 관심과 공동체감이 있는 사람들은 인생의 문제를 해결할 수 있는 대책과 무기를 가졌다고 할 수 있다.

은지의 예를 살펴보자. 은지는 저항적이고 폭력적인 행동으로 부모와 교사에게 큰 걱정거리다. 초등학교 6학년인 은지는 학교생활에 적응하지 못해 학교에 가기 싫어했다. 숙제를 안 하는 것은 물론이고, 집에서는 동생과 늘 싸우고 학교에서도 친구들과 다툼이 잦았다. 친한 친구는 없었지만 몰려다니며 못된 짓을 하는 친구는 몇 명 있었다. 은지는 모두가 자신을 못마땅하게 여기고 자신이 부당하게 무시당한다고 생각했다.

부모, 교사, 형제자매, 친구 모두를 자기를 무시하고 괴롭히는 적으로 간주하며 그들과 싸워 이겨야 한다는 태도로 살아가는 초등학생을 상상해 보라. 나쁜 짓을 하는 친구들과 작당하는 경우는 있어도 자신에게 주어진 과제를 수행하고, 자기가 속한 사회에 기여하려는 건강한 공동체감은 은지에게서 찾아볼 수 없다. 은지가 지금처럼 살면 5년 후, 10년 후에 어떻게 될까? 상담실에 온 아동이나 청소년에게 가끔씩 물어본다. "네가 지금처럼 살면 5년 후, 10년 후에는 어떤 모습으로 살 거 같으니?" 그들의 대답은 네 가지 중에 하나다. "자살하겠지요.", "정신 병원에 들어가겠지요.", "소년원에 가겠지요.", "감방에 갇히겠지요." 그들이 왜 그렇게 되었으며, 그들에게 시급하게 필요한 것이 무엇인가?

은지뿐 아니라 정서와 행동에 문제가 있는 사람들은 다른 사람의 도움과 지지를 받아 문제를 해결해야 한다. 부정적인 세계관과 공동체 의식의 결핍으로 그들은 세상과 동떨어져 왜곡되고 탈선할 것이다. 그리고 더욱더 깊은 좌절과 낙담 속에 빠지게 될 것이다.

모든 정신 병리에서 빼놓을 수 없는 열등감 문제도 결국 공동체감에서 해결의 실마리를 찾을 수 있다. 정신 의학자인 오코넬(B. O'Connell)에 따르면, 정신 질환은 형제애적 사랑이 형성되는 것을 방해하는 행동이고, 타인을 고통스럽게 하는 사고 · 행동 · 감정을 지니게 하는 병이라고 했다. 오코넬은 정신 질환자를 용기 · 격려 · 상식 · 소속감 등이 부족해 삶의 과제를 제대로 수행하지 못하는 사람으로 규정했다. 반면, 신경증 환자는 공동체감이나 사회적 관심이 없고 오로지 자기중심적인 우월성만 추구하는 사람이라고 볼 수 있다. 신경증이 있는 사람은 자기 소유와 힘, 영향력 등을 증가시키고 다른 사람을 깎아내리거나 속이려고 애쓴다. 특별히 예를 들지 않아도 이런 사람들은 주변에서 흔히 찾아볼 수 있다. 우리 사회가 건강하지 못하다는 신호다.

병들어 가는 세상을 치유할 특효약으로 아들러는 '공동체감' 또는 '사회적 관심'을 제시했다. 공동체감은 개인의 관심이 자아를 넘어서 다른 사람 · 제도 · 사상 · 자연 현상 · 우주 등으로 확장해 가는 것을 의미한다. 개인이 자기 안에 머무르지 않고 더 큰 사회 환경에 참여할수록 정신적으로 더욱 건강하게 성장할 것이다. 아들러는 '인생은 전체에게 공헌하는 것'이라고 믿고 이를 실천한 사람이다.

우리나라에 성적으로 줄 세우기 하는 교육이 팽배하다. 어릴 적부터 협동과 협력, 함께함의 소중함을 경험할 기회가 희박한 교육 현실에서 부적응아와 문제아들이 많이 배출되는 것은 당연한 결과다. 경쟁에서 이기기보다 협력해서 더 큰 것을 이루고, 타인의 기쁨이 나의 기쁨이 되며, 양보와 헌신의 아름다움과 풍성함을 경험해 볼 수 있는 교육이 이루어진다면, 우리 사회는 좀 더 건강하고 행복한 사회가 될 것이다.

현대인 95%가 시달리는 '열등감'

의사인 맥스웰 몰츠(Maxwell Maltz)는 현대인들 가운데 95%가 열등감이라는 질병에 시달린다고 했다. 많은 사람들이 열등감 때문에 위축되어 살아가면서 자신의 가능성과 능력을 발휘하지 못하고 불행해 한다. 아들러는 열등감이 인생 전반에 걸쳐 커다란 영향을 미친다는 사실을 통찰하고 열등감이 인간 삶에 미치는 영향, 특히 열등감과 인간의 정신 병리 현상과의 관계를 밝혔다. 아들러는 인간의 심층 심리에 자리 잡고 있는 열등감(Minderwertigkeitsgefühl)이 모든 병리 현상의 일차적 원인이라고 해석했다. 수많은 정신 병리 현상은 열등감에 대한 이차적 반응이라고 본 것이다. 그래서 아들러는 열등감의 개념 없이 정신 병리학을 이해하는 것은 불가능한 일이라고 말했다.

"열등감에 관한 연구는 모든 심리학자, 심리 치료자 그리고 교육학자가 학습 장애아, 신경증 환자, 범죄자, 자살자, 알코올 의존증자, 성도착자를 이해할 때 없어서는 안 되고, 또 없어질 수도 없는 열쇠다."

아들러는 인간은 누구나 열등한 존재로 태어나고, 인간이 된다는 것은 곧 열등감을 지니게 된다는 것을 의미한다고 했다. 그는 인류학적이고 발달 심리학적인 설명을 통해 모든 인간에게 필연적으로 생기는 열등감의 근원을 설명했다. 먼저 계통 발생학적(phylogenetisch)으로 볼 때, 인간은 육체적으로 약한(열등한) 종족에 속한다. 연약한 인간은 엄청난 힘을 지닌 자연을 두려운 존재로 인식한다. 위협적인 자연을 극복하고자 적을 무찌를 수 있는 집단을 형성하고 지능을 비롯한 다양한 능력을 발달시켜 자연을 지배할 수 있는 위치에 오르게 된다. 개인의 발생학적(ontogenetisch) 측면에서 보면 인간은 생애 초기에는 육체적으로 무력한(열등한) 존재로서 타인의 도움 없이는 생존조차 할 수 없다. 연약한 존재가 느끼는 무력감과 열등감이 인간의 기본 감정이 된다.

아들러에게는 열등함 자체보다 생득적인 열등함을 어떻게 받아들이고 대응하느냐가 더 중요했다. 그는 인간을 자기 결정적인 존재로 보았다. 인간은 자신의 경험에 스스로 의미를 부여하고 그 의미에 따라 삶의 태도와 방식을 달리한다. 그러므로 개인에게 주어진 열등한 환경과 열등함 자체가 문제가 아니라, 열등함을 느끼게 하는 상황을 어떻게 해석하느냐가 중요하다. 다시 말해, 열등감의 객관적 원인보다는 열등함을 느끼는 주관적 감정이 더 중요한 것이다. 여기서 주관적 감정은 열등감뿐 아니라 아들러의 창조적 자아 개념을 이해하는 데 중요한 요소다.

아들러는 "열등감은 연약한 인간에게 자연이 준 축복"이라고 했다. 강한 열등감은 열등 상황을 극복해 우월의 상황으로 밀고 나아가게 하는 힘을 지니고 있다. 이때 열등감은 잠재력을 발달시키는 자극제 또는 촉

진제의 역할을 한다. 따라서 아들러는 열등감이 인간에게 필요한 것이라 강조했다. 아들러는 자신의 주장을 뒷받침할 역사적 인물들의 실례를 많이 제시했다. 역사 속 위대한 인물들 대부분이 열등감을 지니고 있었다. 열등감을 극복한 결과 위대한 사람이 된 것이다. 말더듬이였던 데모스데네스는 신체적인 열등감을 극복하기 위해 피나게 노력한 결과 당대의 유명한 웅변가가 되었다. 이외에도 학력이 없었던 링컨, 신체에 대한 열등감을 가졌던 루즈벨트, 가난했던 록펠러, 귀머거리 베토벤, 돌대가리 소리를 들었던 소크라테스 등 열등감을 극복하고 성공한 사람들은 무수히 많다.

아들러는 문명의 발전도 인간이 지닌 불안과 열등감을 극복하려고 노력한 결과로 보았다. 새처럼 하늘을 날 수 없다는 열등감이 비행기의 개발을 넘어 인간을 우주로 갈 수 있게 만들었고, 표범처럼 빨리 달릴 수 없다는 열등감이 인간에게 자동차를 안겨 주었으며, 허약한 신체를 가졌다는 열등감이 인간을 지구 생물 가운데 가장 뛰어난 의학을 보유한 존재로 만들었다. 만약 인간이 열등감을 극복하려고 노력하지 않았다면 인간은 여전히 연약한 존재로 살았을 것이며, 인류 역사도 오늘날 같이 크게 발전하지 않았을 것이다. 열등감은 연약함을 드러내는 것이 아니라 도리어 인간의 발전을 위한 무한한 동력원으로 볼 수 있다.

아들러는 교육의 기초나 가능성도 열등감에서 찾았다. 어린이는 자신의 약함을 극복하려는 욕구로 말미암아 교육적 도움을 받아들이게 된다. 환경적 요구에 적응해 자신의 약함을 가능한 한 빨리 극복하려고 노력하는 과정에서 인간은 성장하고 발전한다. 이처럼 아들러에게 열등감은 인간의 성장과 발전, 나아가 인류 문명의 발전에 매우 중요한 개념이다.

열등감이 긍정적이고 생산적인 것으로 인식되는 이유는 열등 개념과 꼭 붙어 다니는 보상(Compensation) 개념이 있기 때문이다. 의사였던 아들러는 신체의 어느 부분에 이상이 생기거나 그 부분이 무엇인가를 결핍한 경우, 다른 기관들이 결핍된 기관을 보상하기 위해 움직이는 것을 발견했다. 또 인간은 신체적 열등감뿐 아니라 심리적, 사회적 열등감도 보상하려고 노력한다는 사실을 발견했다. 아들러는 열등함을 참기 어려워하는 인간의 특성에서 또 다른 주요 개념인 '우월 추구의 노력'을 발견하게 된다.

보상의 궁극적인 목적 '우월 추구'

인터넷이나 매스컴에 떠도는 축구 선수 박지성과 발레리나 강수진의 발 사진을 본 적이 있을 것이다. 이 발 사진으로 두 사람이 현재의 자리에 이르기까지 끊임없이 노력했다는 사실을 진하게 느낄 수 있다. 아들러는 끊임없이 우월해지려는 인간의 모습을 관찰했다. 인간은 열등감을 해소하는 정도에 그치지 않고, 더 높이, 더 완전해지려고 노력한다. 보상의 궁극적인 목적을 아들러는 '우월 추구'라고 했다. 프로이트는 긴장을 감소시키고 쾌락을 얻는 것을 인간 행동의 동기로 본 데 반해, 아들러는 완전에 이르기 위해 더 많은 에너지로 자신을 더욱 긴장시키는 것을 인간 행동의 동기로 보았다.

인간의 우월 추구를 향한 보상은 두 가지 형태로 나타난다. 인간은 어린 시절에 받았던 인상과 했던 경험에 따라 각기 다른 방식으로 보상한다. 즉 '어린이가 어린 시절에 얼마나 깊은 불안감과 열등감을 느꼈는가'와 '삶의 문제를 극복하는 데 주변 인물이 어떤 모델이 되어 주었는가'가 보상의 방향을 결정한다. 어린이가 열등감 때문에 억압받지 않고 생의 유용한 측면에서 성공의 가능성을 찾을 수 있게 되면, 힘을 획득하려는 어린이의 소망은 성숙과 발전을 위한 노력으로 실현된다. 아동은 이 새로운 능력으로 인성을 강하게 하고 객관적인 열등성을 계속해서 극복한다. 학업의 경우에 어린이가 스스로 부족함을 극복하고자 열심히 노력해 실력을 쌓으면 성취감을 느낀다. 뿐만 아니라 향상된 실력으로 열등감을 극복하고 동시에 건강한 인성을 습득한다.

어린이는 스스로 성장할 수 있다는 가능성을 확인할 때, 즉 자신의 열등함이 학습 과정의 자극제로 작용할 것이라는 판단이 설 때만 열등함을 극복하려는 노력을 한다. 반면, 어린이가 계속해서 자신의 약함을 재인식하거나 교사의 교육이 미숙하면 어린이는 삶에서 성취감을 느끼지 못한다. 따라서 부족함을 극복할 가능성을 더 이상 발견하지 못한다. 이런 상황에 처한 어린이는 현실과 동떨어지고 심리적 병리 영역에 속하는 '발달 장애' 또는 '열등 콤플렉스'를 갖게 된다.

잘못된 교육이나 부적절한 환경 탓에 어린이가 정상적인 방법으로 열등감을 극복할 수 없다고 믿게 되면, 어린이는 왜곡되거나 비정상적인 방식으로 보상을 시도하게 된다. 어린이의 내적 요구와는 상관없이 높은 점수를 요구하는 강압적인 부모, 성적을 올리기 위해 과제를 대신 해 주는 과잉보호적인 부모 밑에서 자란 어린이는 부정행위를 해서라도 열등함을 감추려고 한다. 이런 어린이의 열등감은 자원이 되는 내적 에너지가 아니라 인성과 미래를 망치는 독소가 된다. 열등감이 악화되어 낙심하면 어린이는 열등 콤플렉스를 갖는다. 한편 미래에 실패하지 않을까하는 불안 때문에 단순한 보상으로 만족하지 못하는 어린이도 있다. 이 어린이는 더 많은, 그리고 더 먼 데 놓여 있는 보상을 획득하려고 노력한다. 결과적으로 더 큰 힘과 우월을 추구하다가 심리적 병리 영역에 속하는 '우월 콤플렉스'를 갖게 된다. 열등 콤플렉스나 우월 콤플렉스나 그 근원은 심화된 열등감이다.

건강한 보상 경향과 병리적 보상 경향을 판별하는 기준으로 아들러는 공동체감(Gemeinschaftsgefühl)을 제시한다. 인간의 열등감 극복과 모든 정신과 문화의 발달은 공동체감 형성과 사회적 관심 없이는 절대 불가능하다. "인간의 불안은 단지 결속(Band)을 통해서만 제거할 수 있다. 이는 개인을 공동체와 묶는 것이다. 타인과의 연합 속에서 자신을 인식하는 자만이 인생을 평안하게 살아갈 수 있다." 아들러는 열등감에 강하게 사로잡혀 열등 콤플렉스에 걸린 사람이 절대적 안정과 우월성을 획득하기 위해 목표를 세우는 것을 관찰했다. 이런 현상을 '우월 콤플렉스'라고 불렀다. 이들은 결코 자신이 세운 목표에 도달할 수 없다. 인간은 공동체에서 함께 어울려야만 실제로 안정을 얻을 수 있기 때문이다. 왜곡된 보상 노력은 열등감을 강화시키는 악순환(circulus vitiosus)을 낳는다.

아들러의 '완전'이라는 개념은 사회적 관심 또는 공동체감이라는 개념과 함께 완성된다. 신경증에 걸린 사람은 자기 향상의 욕구가 압도적인 힘을 갖게 되어 이 욕구에 고착한다. 반면, 정상인은 자신의 현실, 타인, 협동에 기초해 목표를 세운다. 세운 목표를 향해 투쟁하며 자신을 보호하려 한다. 건강한 개인은 인류 복지를 위해 자신을 준비하고, 다른 사람과 협력한다. 이 과정을 통해 자신의 복지는 물론 인류의 복지와 발전을 이루어 낸다.

행동에 방향을 제시하는 '가상적 목적'

개인 심리학에서 열등감만큼 중요한 개념이 '가상적 목적론(fictional finalism)'이다. 이 개념은 앞서 말한 인간의 전체성만큼이나 아들러의 이론을 프로이트의 이론과 크게 차별화하는 개념이다. 프로이트는 인류의 장래에 대해 우울한 입장을 취했다. 그에 반해 아들러는 인간 본성에 대해 낙관적이었다. 그의 낙관론은 수용적이고, 유쾌하며, 고무적인 최종 목적론에 반영되어 있다. 한편 프로이트는 인간의 문제의 근원을 과거에서 찾고, 3~5세에 성격이 이미 형성된다는 성격 결정론적 입장을 취했다. 반면, 아들러는 목적론적 입장을 취했다. 그에 따르면 성격도 과거의 경험에 의해서만 형성되는 것이 아니다. 인간의 창조적 자아의 힘이 경험에 대해 의미 부여를 하고 결정하는 과정에서 성격이 형성된다.

아들러는 인간에게서 삶의 목적을 위해 노력하는 미래 지향적인 모습을 발견했고 인간의 행동에는 목적이 있다고 가정했다. 사람들의 행동이나 동기가 본인이나 관찰자에게 드러나지 않는 경우도 많이 있다. 하지만 대부분의 사람들은 어떤 목적을 이루기 위해 행동을 하거나, 아니면 행동을 하지 않는다. 따라서 이해하기 어려운 행동들도 일단 그들의 목표나 목적을 알면 이해할 수 있게 된다.

아들러는 인간의 행동을 이해하기 위해 우선 원인보다는 목적을 파악해야 한다고 말했다. 인간이 어디로 가고 있고 무엇을 향해 노력하고 있는가를 아는 것이 인간을 이해하는 데 매우 중요하다. 아들러가 과거의 경험이 문제 행동의 원인이 될 수 있다는 사실을 부정하는 것은 아니다. 다만 그 행동으로 갖게 될 미래의 목적에 더 많은 관심을 기울인다. 개인의 목표는 그 사람의 행동에 방향을 제시하고 행동하는 궁극적인 이유를 설명한다고 보았다.

이해를 돕기 위해 오줌싸개 아이 몇 명을 소개하겠다. 하루걸러 한 번씩 밤에 오줌을 싸는 여섯 살 신영이는 소아과, 비뇨기과에 다니면서 이런저런 검사를 받아 보았지만 아이에게는 아무런 이상도 발견되지 않았다. 아동 상담 센터에 간 엄마는 신영이가 엄마의 관심을 받기 위해서 밤에 오줌을 싸는 것 같다는 이야기를 들었다. 같은 증상을 보이는 또래 친구 보라는 엄마와 힘겨루기를 하기 위해 오줌을 싼다고 했다. 민수도 유뇨증(遺尿症) 증상이 있는데, 부모를 괴롭히기 위해 오줌을 싸는 듯했다.

아들러의 심리 상담에서는 '유뇨증'과 같은 문제 행동을 보이는 아이들이 상담하러 왔을 때 어떻게 할까? 어릴 적 대소변 훈련 시 어려움을 겪은 경험을 탐색하면서 현재 아동이 보이는 문제를 분석할까? 그렇지 않다. 아이가 문제 행동을 통해 얻고자 하는 '목적'이 무엇인지를 탐색한다. 아이가 추구하는 목적을 이루기 위한 수단으로 문제 행동을 동원한다고 보는 것이다. 신영, 보라, 민수처럼, 같은 문제 행동이라 할지라도, 그들이 달성하고자 하는 목적은 모두 다를 수 있다.

아들러는 생애 초기에 목표를 형성하는 과정을 강조한다. 행동의 목표는 유전이나 환경의 산물이 아니라, 개인에 의해 자유롭고 창의적으로 선택된 산물이며 이 선택은 4~5세 사이인 생애 초기에 이루어진다고 보았다. 비록 그 목표가 직접 지각되지 않고 불완전하게 이해된다 할지라도 아동의 활동 방향을 직접적으로 결정한다고 생각했다. 인간의 독특성은 이와 같은 아동 개인의 '창조적 힘(creative power)'에 의해 형성된다. 개인 심리학에서는 인간을 자극에 반응하는 반응자(reactor)가 아니라, 그 자극에 대해 창조적 결정을 행하는 행위자(actor)로 이해한다.

인간은 자신이 선택한 목표에 따라 스스로 생활을 평가하고 해석한다. 목표를 추구할 때 자신의 독특한 인지 능력과 감정을 사용한다. 아들러가 말한 사적 논리(private logic)는 목표를 추구하는 데 도움이 되는 개인의 인지 구조를 말하며, 개인을 인도해 주는 일련의 '개인적 진리(personal truths)'를 의미한다. 예를 들어, "내 생일에 아무도 생일 선물을 주지 않았어. 나에게 관심 갖는 사람은 아무도 없고 모두 나를 싫어해."라는 진술은 사적 논리로는 이해할 수 있지만 소위 '일반 논리(common logic)'로는 이해하기 힘든 말이다.

인간은 인지 구조 외에도 목표를 추구하는 데 감정을 사용한다. 감정역시 목적에 따라 다른 사람을 통제하고 목표를 이루는 데 사용할 수 있다. 자기가 바라는 것을 얻을 때까지 울어 대는 아이는 자신의 감정을 목표를 성취하기 위한 유용한 도구로 이해하고 있는 것이다. 또 다른 예로, 청각 장애를 가진 부모의 아이가 소리 내어 울지 않고 얼굴을 붉히고 손발을 휘저으면서 눈물만 흘리는 모습이 소개된 적이 있다. 그 아이는 우는 소리가 부모의 관심을 끌지 못한다는 사실을 알고 있기 때문에 그런 반응을 보인 것이다. 엄마에게서 떨어지지 않으려고 떼쓰고 울던 아이가 엄마가 사라지면 울음을 그치는 경우도 울음이 도구로 사용된 예라 할수 있다.

아들러는 유아가 의존적인 존재지만 결코 무력하지는 않다고 했다. 목적론적 관점에서 볼 때 유아는 자기의 목적을 이루기 위해 성인을 훈련시킨다. 아들러는 인간의 심리 현상과 행동은 원인, 권력, 본능, 충동, 경험, 외상, 성 발달 기제 등으로 설명할 수 없고, 오직 최종 목적에 대한 개인의 관점을 알아야 인간의 행동을 이해할 수 있다고 말했다.

아들러의 가상적 목적론을 잘 보여 주는 유명한 사례가 있다. 아들러가 직접 치료한 사례다. 한 부인이 내과에서 온갖 검사를 다 해 봤으나 별다른 이상 증세가 나타나지 않아서 아들러가 있는 정신과에서 상담을 받았다. 아들러는 이 부인에게 "제가 마술 지팡이를 가지고 있어서 당신의 병을 다 고칠 수 있습니다. 병을 고치면 당신은 어떨 것 같습니까?"라고 질문했다. 이때 부인은 "선생님께서 정말로 마술 지팡이로 저를 고쳐 주신다면 고통에서 풀려나 날아갈 듯 상쾌한 기분이 들 것 같습니다."라고 대답했다. 이 말을 들은 아들러는 부인에게 진료 의견서를 써 줄 테니 다시 한 번 내과 의사를 방문할 것을 정중히 부탁했다.

몇 주 후, 동료인 내과 의사에게 연락이 왔다. "아니, 정신과 의사인 네가 어떻게 내과 의사들도 잘 알지 못하는 희귀병을 알고 그 부인을 다시 내게 보냈느냐?"라고 물었다. 그때 아들러는 "난 그 병명에 대해 들어 본 적이 없다. 단지 부인의 병이 심신증적인 것이 아니라 내과적인 것이라는 사실만은 확실히 알게 되었다."라고 대답했다. 아들러가 보기에, 부인은 병을 목적을 위한 수단으로 사용한 것이 아니었다. 그렇다면 병은 신체적 질환으로 인해 생겼을 것이다.

이와 관련해 한 가지 더 유명한 일화를 소개하고 싶다. 아들러 학파 학자인 코르시니(Ramond J. Corsini)가 아들러의 수제자 드라이커스의 상담을 소개한 내용이다. 코르시니가 수련을 받던 어느 날, 여섯 살이 되도록 바른 자세로 앉지도 못하고, 말도 못하고, 걷지도 못하는 남자아이가 방문했다. 아이가 첫돌이 지났을 때부터 부모는 아이를 데리고 미국 전역을 돌아다녔다. 신경과 의사, 정신과 의사, 심리학자와 상담자 들은 모두 아이를 발달 지체 아동으로 결론 내렸다. 전기 치료를 제안한 의사도 있고 뇌 수술을 권유한 의사도 있었다.

마지막으로 찾아온 아들러 연구소에서 드라이커스는 소년에게 똑같은 질문 네 가지를 순서를 바꿔 가며 5분 간 질문했다. 그러더니 아이를 정상으로 진단하고 부모에게 몇 가지 충고를 한 후 돌려보냈다. 이때 코르시니는 드라이커스의 진단과 처방에 어이없어 했고 심한 분노까지 느꼈다. 그러나 6주 후 아이는 위태위태하지만 걷기 시작했고 불완전하지만 말도 했다. 아들러의 목적론을 모르면 이해할 수 없는 사례다. 코르시니는 "사실상 나는 이 아이를 죽음으로 몰아넣을 뻔했다. 나를 포함해서 다른 전문가들은 모두 틀렸던 것이다. 드라이커스만이 옳았다! 아들러의 이론과 실제는 무언가 특별하다."라고 고백하고는 아들러 학파의 수련을 계속 받았다고 한다.

개인 심리학에서 말하는 가상적 목적론에는 무의식적 개념이 들어 있다. 개인이 목표를 만들지만 대부분 그 목표가 무엇인지 알지 못한다. 또한 목표는 개인의 열등감에 대한 보상이 된다. 개인이 열등감을 자각하는 순간부터 환경에 적응하고 현재의 어려움을 극복하고자 하는 우월의 욕구를 통해 가상적인 목표를 만들게 된다. 이 가상적인 목표를 추구해 나가면서 열등감을 극복하고 완전한 방향으로 나아가는 것이다. 가상적인 목표는 개인이 독자적인 힘으로 일을 처리하기 위해서 고안해 낸 방식이다. 개인을 보다 나은 존재로 안내하는 가상적인 목표는 어린이들이 열등감에서 벗어나는 수단이 된다. 열등감이 클수록 이를 극복할 수 있는 목표가 확실해야 한다. 목표 그 자체가 하나의 보상이 될 수도 있다.

아들러는 삶의 목표에 개인의 성격을 통합하는 원리가 있다고 보았다. 개인은 목표에 따라 움직이기 때문에 삶의 목표는 성격을 지배하는 원리가 된다. 인간은 자기 스스로 목표를 세우고, 인간 행동은 이 목표에 통합된다. 웨이(L. Way)라는 학자는 아들러를 '서양의 공자'라고 불렀다. 공동체 의식을 강조한 아들러가 동양의 지혜를 지닌 공자와 뜻을 같이 한다고 보았기 때문이다. 73세까지 살았던 공자는 노년에 "열다섯 살에 배움에 뜻을 세웠고 삼십에 이르러 자립했으며……(十有五而志于學, 三十而立……)"라는 글을 썼다. 이른 나이에 뜻을 세우고 자신이 세운 뜻을 성취하기 위해 평생에 걸쳐 노력했던 공자의 사상에서 아들러의 목적론을 엿볼 수 있다. 죽음의 공포를 느낀 어린 시절에 이를 물리치기 위해 의사가 되기로 결심한 아들러는 이미 유아기에 평생의 뜻을 세운 사람인지도 모른다. 뜻을 세운다는 것은 목표를 정한다는 것이다. 생애 초기에 인생의 목표를 올바르게 세우는 것은 매우 중요하다. 이후 삶이 목표에 따라 진행되기 때문이다.

지금까지 주로 '가상적 목적론'에서 '목적론'에 초점을 맞춰 설명했다. '가상'이라는 말 또한 의미심장하다. 파이잉거(Hans Vaihinger)는 인간이 가상(fiction, 세상은 어떠해야 한다는 생각) 속에서 생활한다고 말했다. 아들러는 파이잉거의 관점을 자신의 목적론에 결부시켰다. 파이잉거는 그의 책 『마치 ~인 것 같은 철학(The Philosophy of 'As if')』에서 인간은 현실적으로 전혀 실현 불가능한 '마치 ~인 것 같은' 상황을 절대적으로 진실인 것처럼 여기고 행동한다는 흥미로운 견해를 제시했다. 즉 인간이 가상적인 생각에 많이 의존하며 살고 있다는 뜻이다. 파이잉거에 따르면 허구나 이상이 현실을 보다 효과적으로 움직여 나간다. 예를 들어, "모든 사람은 동등하게 만들어졌다.", "정직이 최선의 길이다.", "목적이 수단을 정당화한다."와 같은 허구는 현실보다 더 효과적으로 사람들을 움직인다. "나는 완전할 때만 안전할 수 있다.", "나는 중요한 인물이어야만 존재할 가치가 있다", "인생은 위험한 것이고 나는 나약하다.", "타인은 나를 이용하려고만 하니 타인을 신뢰할 수 없다."라는 생각들은 진실과 다르더라도 삶을 지배하는 신념이나 마찬가지다.

파이잉거에 따르면 우리는 모두 일련의 허구에 의지해 살아간다. 하지만 허구는 현실에서 실제로 대응물이 없는 관념이다. 사람들은 허구를 경험으로 간주하지도 않지만, 순전히 논리적인 것으로 여기지도 않는다. 인간은 그동안 배워 온 특정 가치 및 이상에 부합되는 허구를 만들어 낸다. 그럼에도 허구는 이상으로서 일상생활에서 커다란 실제적 가치를 지닌다. 허구가 인간 활동의 기초로 작동하는 것이다.

아들러는 파이잉거에게서 프로이드의 완고한 역사적 결정론에 대한 반증을 찾았다. 프로이트가 성격 형성 요인으로 신체적 요인과 과거 유아기의 경험을 강조한 데 반해, 아들러는 인간의 과거 경험보다 미래에 대한 기대가 성격을 형성한다는 사실을 강조하고 싶었던 것 같다. 아들러는 미래에 대한 기대, 즉 가상의 허구가 정신 구조이며 마음의 창조물이라고 생각했다. 개인의 주관적이고 창조적인 심리를 인간의 가상 세계에서 찾아낸 것이다. 허구가 주관적인 것처럼 최종 목표도 주관적이다. 허구는 긍정적인 속성을 지닌 생각이다. 아들러는 허구에서 주관적이고 최종적인 심리학의 기초를 발견했다.

최종 목표는 허구로서, 현실과 동떨어진 이상처럼 보인다. 하지만 허구로서의 목표는 무엇보다 인간의 노력에 박차를 가하고 행위에 대해 궁극적인 설명을 해 준다. 아들러는 정상인은 언제든 허구의 영향에서 벗어나 현실을 직시할 수 있지만 정신증을 가진 사람은 그렇게 하지 못한다고 생각했다. 그렇다면 우리 사회를 지배하고 있는 잘못된 허구로는 무엇이 있을까? 성인들에게는 "돈이 많아야 행복할 수 있다.", 학생들에게는 "공부를 잘해야만 성공할 수 있다."일 것이다. 대다수의 사람들이 이 잘못된 허구에서 벗어나지 못한 채 인생을 살고 있다. 현실을 직시하지 못하고 병든 사회의 잘못된 관습에 따라 허망하게 살아가는 인생이 많다는 사실이 안타까울 따름이다. 단 한 번뿐인 값진 인생이다. 가족과 이웃과 더불어 건강하고 행복하게 사는 것이 가치 있고 보람 있는 일일 것이다. 자신을 주인공 삼아 완성해 나가야 하는 인생이라는 가상 소설을 어떻게 써 나가야 할까? 이 물음에 답하려고 노력한다면 사회에 만연한 잘못된 가치를 따라 인생을 허비하지 않을 것이다.

아들러는 인간을 사회 속에서 의미를 부여하며 살아가는 존재로 보았다. 비록 열등하고 연약할지라도 이를 극복하려는 불굴의 의지를 가진 것이 인간이다. 아들러는 이 의지를 바탕으로 창조적 힘을 발휘해 신의 경지까지 성장할 수 있는 가능성을 인간에게서 보았다. 또한 아들러는 인생을 더 큰 사회에 소속되어 가는 과정에서 전체에 공헌하는 것이라고 정의 내렸다. 이러한 아들러의 공동체감 사상이 좌절과 절망, 불신과 다툼이 팽배한 우리 시대에 새로운 희망과 용기를 선사하는 참신한 치료제로서 큰 역할을 할 수 있으리라 기대해 본다.

PART 1

쪼개지지 않는 삶

삶의 과학

The creative power of life is telelogical.
삶의 창조력은 '목적론적'이다.

1. 목적을 향해 가며 드러나는 힘

미국의 위대한 철학자이자 심리학자인 윌리엄 제임스(William James, 1842~1910년)는 삶과 밀접한 과학만이 진정한 과학(science)이라고 말했다. 삶과 가까운 과학에서는 이론과 실천이 결코 분리되지 않기 때문이다. 또한 삶 자체를 연구 대상으로 삼기에 일종의 '삶의 학문'이라고 할 수 있다. 이 같은 생각은 특히 '개인 심리학(Individual Psychology)'이라는 학문 분야에 잘 반영되어 있다. 개인 심리학에서는 개인의 삶을 총체적인 것으로 보고 각 개인의 반응과 행동, 충동 등이 삶에 대한 개인의 태도와 연결되어 있다고 생각한다. 아울러 앎을 통해 우리의 태도를 바로잡고 바꾸어 나갈 수 있다고 보기 때문에 개인 심리학은 실용적인 경향을 띤다. 또한 개인 심리학은 두 가지 의미에서 예언자적인 성격을 지닌다. 앞으로 무슨 일이 일어날지 예측할 뿐만 아니라, 『구약 성서』에 나오는 예언자 요나(Jonah)처럼 일어날 어떤 일이 또 다른 일이 벌어지는 것을 막을 것이라고 예언하기도 한다.

개인 심리학이라는 학문은 신비로운 삶의 창조력에 대해 연구하기 위해 탄생했다. 즉 발전하고 분투하고 성취하려는 욕망 속에서 삶의 창조력이 어떤 능력을 드러내는지 관심이 많다. 또한 한편에서의 실패를 다른 한편에서 성공으로 보완하려는 과정에서 생겨났다.

삶의 창조력은 '목적론적'이다. 다시 말해 창조력이란 하나의 목적을 향해 나아가는 과정에서 드러나는 힘이다. 이 과정에서 육체와 정신은 서로 긴밀하게 협력한다. 그러므로 실제 개인의 삶을 고려하지 않고 신체의 움직임과 심리 상태를 추상적으로 연구하는 것은 쓸모없는 일이다. 범죄 심리학에서 범죄자보다 범죄 행위 자체에 더 주목한다면 이 얼마나 어처구니없는 일인가. 주목해야 할 대상은 범죄가 아니라 바로 범죄자다. 아무리 범죄 행위를 깊이 연구한다 해도 범죄를 한 개인의 인생 속에서 일어난 사건으로 간주하지 않는다면, 연구자는 결코 범죄의 성격을 이해하지 못할 것이다.

같은 행위라도 경우에 따라서 범죄가 되기도 하고 범죄가 되지 않기도 한다. 여기서 중요한 점은 범죄를 저지른 개인의 상황(context)을 아는 것이다. 곧 범죄자를 범죄로 이끈 개인적 삶의 목표를 이해하는 것이다. 삶의 목표를 이해하면 각각의 행동을 그림 전체에 속해 있는 조각들로 이해하게 된다. 이때 각각의 행동 이면에 숨어 있는 의미들을 포착해낼 수 있다. 뒤집어 말하면 이 조각들을 연구함으로써 그림 전체를 더 잘볼 수도 있다는 뜻이다.

나는 환자들을 진료하다가 심리학에 관심을 갖게 되었다. 심리학에 대한 관심이 의학에서 비롯했던 셈이다. 심리학에서 심리적 요인을 이해하는 데 필요한 목적론적 관점을 의학이 제시한다. 의학에서는 인간의 모든 신체 기관이 어떤 명확한 목표를 향해 발달해 나간다고 본다. 신체 기관들은 시간이 흐르면 성숙한 상태에 이른다. 장애가 있는 경우에는 이를 극복하기 위해 특별히 노력을 기울인다. 부족한 신체 기관의 기능을 보완하기 위해 다른 신체 기관이 좀 더 발달하기도 하는 것이 그 예다.

인간의 심리도 신체 기관과 비슷하다. 사람들은 각자 현재 상황을 뛰어넘어 어떤 목표나 이상에 도달하려 한다. 이를 위해 구체적인 장래의 목표를 설정하고 현재의 부족한 부분이나 어려움을 극복하려고 노력한다. 또한 이러한 목표가 있기에 현재의 어려움을 이겨낼 수 있다고 느낀다. 언젠가는 성공할 것이라 믿기 때문이다. 목표 의식이 없다면 개인의 행위는 아무런 의미도 갖지 못한다.

이러한 목표는 어린 시절의 '형성기'에 설정되어야 한다. 이 시기에 일종의 성숙한 인격의 '원형(原型, prototype)'이 발달하기 시작한다. 이 과정이 어떻게 일어나는지 추정해 보자. 어린아이는 연약하기 때문에 자신이 열등하고, 자신의 힘으로는 극복할 수 없는 환경에 처해 있다고 느낀다. 따라서 자기가 선택한 목표에 따라 성장하려고 분투한다. 이 단계에서 성장에 필요한 자원보다 방향을 제시하는 목표가 더 중요하다. 이 목표가 어떤 식으로 설정되는지 설명하기는 어렵지만, 분명한 점은 이러한 목표가 존재하고, 이것이 아이의 모든 행동에 큰 영향을 끼친다는 사실이다. 어린 시절에 존재하는 힘, 충동, 이성(理性), 능력 또는 무능력에 대해 알아낼 수 있는 열쇠는 없다. 지금까지 거의 알려진 바가 없기 때문이다. 어린 시절의 힘, 충동, 이성 등은 아이가 목표를 설정한 뒤에야 비로소 분명하게 방향을 잡고 움직인다. 이렇듯 인생에서 추구하는 방향을 알아야 그 사람이 앞으로 어떤 과정을 밟게 될지 예측해 볼 수 있다.

'원형', 즉 목표를 구체화하는 초기 인격이 형성되면 아이는 인생의 방향을 뚜렷하게 설정하고 어떤 목표를 지향하게 된다. 그리고 이를 통해 앞으로의 인생에서 어떤 일이 펼쳐질지 예측할 수 있다. 그때부터 개인의 통각(統覺, apperception, 경험이나 인식을 자기의 의식 속으로 종합하고 통일하는 작용 — 역주)은 정해진 방향대로 작용한다. 아이는 주어진 상황을 있는 그대로 받아들이지 않고 자신만의 통각 체계에 따라 받아들인다. 편견을 가진 상태에서 자신의 흥미나 이익에 따라 주어진 상황을 받아들이는 것이다.

이와 관련해 한 가지 흥미로운 사실이 있다. 신체 기관에 장애가 있는 아이들은 모든 경험을 장애가 있는 신체 기관과 연관 짓는다. 가령 위가 좋지 않은 아이는 먹는 것에 비정상적으로 관심을 보이고, 시력에 문제가 있는 아이는 남들보다 보는 것에 더 집착한다. 이러한 집착은 통각 체계와 일치한다. 따라서 아이의 관심사를 알고 싶으면 어떤 신체 기관에 문제가 있는지 파악하면 된다. 하지만 이 일이 그렇게 단순하지는 않다. 아이는 신체적 열등함을 외부 관찰자가 보는 대로 경험하는 것이 아니라 자신의 통각 체계에 맞추어 경험한다. 신체적 열등함은 아이의 통각 체계를 구성하는 한 요소지만, 이 열등함에 대한 외부의 관찰이 반드시 통각 체계에 영향을 주지는 않는다.

아이는 상대성이라는 체계 속에 빠져 있다. 이는 아이뿐만 아니라 모두가 마찬가지여서 우리 가운데 그 누구도 절대적 진리라는 복을 누릴 수가 없다. 심지어 과학조차도 절대적 진리가 주는 복을 누리지 못한다.

과학이라는 것도 결국 상식에 기반을 둔 것으로 항상 변하는 중이다. 따라서 큰 오류를 작은 오류로 대체하는 것에 만족한다. 우리는 모두 오류를 저지른다. 하지만 중요한 점은 우리가 그 오류를 바로잡을 수 있다는 사실이다. 그 오류는 원형이 형성되는 시기에 바로잡는 것이 더 쉽다. 이 시기에 잘못을 바로잡지 않으면 먼 훗날 어린 시절의 기억들을 전부 소환해 바로잡아야 할지도 모른다. 따라서 신경증 환자를 치료할 때 어른이 된 후에 나타나는 오류를 발견할 것이 아니라, 원형이 형성되는 과정에서 나타났던 근본적인 오류를 찾아야 한다. 근본적인 오류를 발견한다면 적절한 치료로 오류를 바로잡을 수 있다.

개인 심리학에서 '유전(inheritance)'은 그리 중요하지 않다. 무엇을 물려받았느냐보다 물려받은 것을 어린 시절, 즉 원형이 형성되는 시기에 어떻게 다루었는지가 더 중요하기 때문이다. 물론 타고난 신체적 결함은 유전 문제로 돌려야 마땅하다. 하지만 중요한 점은 이 아이가 고통을 덜고 좀 더 좋은 상황에서 자랄 수 있도록 돕는 것이다. 장애를 알게 되면 대처할 방법을 찾을 수 있기 때문에 사실상 큰 이점을 얻는 것이다. 때로 유전적 장애가 없는 건강한 아이가 영양실조나 잘못된 양육 방법 때문에 나빠지는 경우도 있다.

신체적 장애를 지니고 태어나는 아이를 살필 때 가장 눈여겨보아야 할 것은 심리 상태다. 이 아이는 정상인보다 어려운 상황에 처해 있기 때문에 지나친 열등감을 보인다. 특히 원형이 형성되는 시기에는 비장애인이 그러는 것보다 자신에게 더 많은 관심을 기울인다. 이 경향은 이후에도 지속된다.

신체적 열등함이 원형에 문제를 일으키는 유일한 원인은 아니다. 응석받이나 미움받는 아이의 경우에서 다른 원인을 찾아볼 수 있다. 이러한 사례들에 대해서는 뒤에서 좀 더 자세하게 설명할 것이다. 특히 세 가지 경우, 신체적 장애가 있는 아이와 응석받이와 미움받는 아이에 관해 실제 사례를 제시할 것이다. 이런 아이는 특정 결함을 지닌 채 성장하고 독립을 배울 수 없는 환경에서 자란다. 여기서는 이러한 환경 탓에 이 아이가 항상 공격을 두려워하게 되었다는 점만 알아 두도록 하자.

2. '사회적 관심', 삶을 가꾸는 열쇠

먼저 '사회적 관심(social interest)'이 무엇인지 이해할 필요가 있다. 우리가 해야 할 교육이나 치료에서 가장 중요한 부분이기 때문이다. 용기 있고 자신감이 넘치며 안정적으로 살아가는 사람들만이 삶에서 발생하는 어려움과 이로움에서 혜택을 받는다. 이들은 어떤 것도 두려워하지 않는다. 삶에 어려움이 따른다는 사실을 알지만 스스로 극복할 수 있다는 사실도 잘 알고 있다. 삶의 모든 문제, 즉 사회 문제가 될 수밖에 없는 모든 문제와 마주할 준비가 되어 있다. 인간적 관점에서 보면 사람은 사회적 행동을 준비할 필요가 있다.

앞에서 언급한 세 가지 유형의 아이들이 형성하는 원형은 '사회적 관심'의 정도가 매우 낮다. 이 아이들은 삶에 필요한 것을 얻어 내거나 어려움을 해결할 수 있는 정신적 태도를 지니고 있지 않다. 패배감에 젖어 삶의 과제에 대해 그릇된 태도를 지니고 무익한 방향으로 인격을 발달시킨다. 우리는 이러한 환자들이 유용한 쪽으로 행동을 계발하고 삶과 사회에 도움이 될 만한 태도를 지닐 수 있도록 치료해야 한다.

사회적 관심을 결여했다는 것은 삶이 무익한 쪽으로 치우쳐 있다는 뜻이다. 사회적 관심을 결여한 사람들은 주로 문제아, 범죄자, 정신 이상자, 알코올 의존증자 집단을 이루고 있다. 이런 경우에 우리가 해야 할 일은 그들의 인생을 유익한 방향으로 돌이키고 그들이 타인에 대해 관심을 가질 수 있도록 돕는 것이다. 이렇게 본다면 개인 심리학은 실제로 '사회 심리학'이라 할 수 있다.

3. 응석받이가 미움받는 아이가 되는 이유

'사회적 관심'을 갖게 하는 것 다음으로 우리가 해야 할 일은 개인이 발달 과정에서 마주치는 어려움을 찾아내는 것이다. 이 일은 언뜻 보기에 다소 혼란스러워 보이지만 실제로 그렇게 복잡하지는 않다. 응석받이로 자란 아이들은 모두 미움받는 아이가 된다. 우리 문화에서는 사회든 가족이든 아이들이 제멋대로 하도록 한없이 내버려 두지 않기 때문이다.

응석받이로 자란 아이는 곧 삶의 문제에 직면한다. 학교에 간 아이는 자신이 새로운 사회 제도 안에 있고 새로운 인간관계에 직면해 있다는 사실을 깨닫는다. 아이는 친구들과 함께 공부하거나 놀려고 하지 않는다. 태어나 자라면서 쌓아 온 경험 때문에 학교에서 공동생활을 할 준비가 되어 있지 않은 탓이다. 아이는 원형이 형성되는 시기에 한 경험 때문에 공동생활을 두려워하며 응석을 더 부린다.

이러한 성향은 부모로부터 유전되는 것이 아니다. 오히려 그 반대다.

우리가 파악한 아이의 원형과 삶의 목표를 바탕으로 아이의 특징들을 추론해 내야 한다. 아이는 자신의 목표에 따라 움직이려고 하기 때문에 그 외 다른 방향으로 나아갈 가능성은 거의 없다.

4. 삶의 관점이 '감정'에 스며들다

다음 단계는 감정을 연구하는 것이다. 삶의 방향은 중심축, 즉 목표에 의해 결정된다. 이 방향은 개인의 성격, 신체적 움직임, 얼굴 표정, 겉으로 드러나는 징후들에 영향을 끼칠 뿐만 아니라 감정을 지배하기도 한다. 놀라운 것은 사람들이 자신의 행동을 늘 감정으로 정당화하려고 한다는 사실이다. 선행을 하고자 하는 생각은 감정에 막대한 영향을 끼친다. 그래서 인간의 감정은 삶의 관점과 항상 호응한다. 감정이 행동을 강화할 것이다. 하지만 감정을 배제한 채 어떤 일을 수행하기도 한다. 이 경우에 감정은 단지 행동에 수반되는 것에 지나지 않는다.

이 같은 사실은 꿈을 통해 분명히 확인할 수 있다. 지금까지는 꿈에 어떤 목적이 있다는 사실을 알지 못했다. 꿈에도 목적이 있다는 사실을 발견한 것은 개인 심리학이 최근에 이루어 낸 결실 가운데 하나다. 꿈의 목적은 어떤 감정을 만들어 내는 것이고, 그 감정은 다시 꿈에 영향을 끼친다. 이러한 사실은 꿈이 기만이라고 주장하던 기존의 생각을 상기시키는 흥미로운 설명이다.

우리는 하고 싶은 행동을 좇아 꿈을 꾼다. 꿈은 깨어 있을 때의 행동을 미리 준비하는 감정의 예행연습이다. 하지만 실제로 행동으로 옮기지는 않는데, 이런 점에서 꿈은 기만적이다. 행동하지 않아도 감정을 상상하면 행동할 때의 전율을 느낀다. 꿈의 이런 특징은 꿈에서 깨어 있을 때도 볼 수 있다. 우리는 늘 감정적으로 스스로를 속이려는 경향이 강해서 4~5세 때 형성된 원형을 따라야 한다고 자신을 설득한다.

5. '원형'은 4~5세 때 형성된다

'원형'을 분석하는 것이 순서상 그다음 단계다. 앞서 말한 것처럼 4~5세 때 원형은 이미 형성된다. 그래서 4~5세나 그보다 이전에 아이가 어떤 인상과 느낌을 받았는지 알아내야 한다.

이 시기에 받은 인상과 느낌은 성인들이 상상하는 것보다 훨씬 더 다양하다. 아버지나 어머니가 과도하게 벌을 주거나 학대했을 때 야기되는 억압받는 느낌이 그 가운데 하나다. 이 때문에 해방을 추구하거나 누군가를 심리적으로 배제하려는 태도가 아이에게 나타난다.

욱하는 성질을 지닌 아버지를 둔 여자아이들은 다른 남자도 마찬가지일 것이라는 이유로 남자를 배제하는 원형을 형성한다. 엄격한 어머니에게 억압받은 남자들도 여자를 배제한다. 배제의 태도는 다양한 모습으로 표출된다. 예컨대 아이는 지나치게 수줍어하거나 성적으로 왜곡될 수 있다(이는 여성을 배제하는 또 다른 방식이다.). 이 같은 왜곡은 유전된 것이 아니라 어린 시절의 환경에서 비롯한 것이다.

아이가 초기에 잘못되면 이를 바로잡기 위해 큰 대가를 치러야 할 수도 있다. 그런데도 대부분의 아이들은 어릴 때 올바른 지도를 받지 못한다. 부모는 어린 시절에 한 경험이 어떤 결과를 야기하는지 전혀 모르거나 알고 있더라도 굳이 아이에게 알려 주지 않는다. 따라서 아이는 알아서 제 갈 길을 가야 한다.

똑같은 환경이나 상황 속에서 자라난 아이는 한 명도 없다. 심지어 같은 가족 안에서도 그렇다. 한 가족 내 아이들이라도 처한 상황은 제각기 다르다.

첫째 아이는 다른 형제들과는 확실히 다른 환경에서 자란다. 태어나 얼마 안 되었을 때는 혼자이므로 부모의 관심을 독차지한다. 그러다가 둘째가 태어나면 갑작스런 상황 변화를 겪게 된다. 왕좌에서 물러나야 한다는 사실을 깨닫고 당황한다. 쥐고 있던 권력을 잃는 것은 첫째 아이에게 대단한 비극이다. 이러한 비극은 원형 형성에 큰 영향을 끼치며 성인이 되어서도 인격적 특징으로 드러나기도 한다. 실제 사례를 보면 첫째 아이들은 자신이 보잘것없어진 것에 대해 고통스러워한다.

가족 안에서 또 다른 환경적 차이를 발견할 수 있다. 남자아이와 여자아이를 차별 대우 하는 경우에 발생하는 차이다. 보통 남자아이들은 과대평가를 받고, 여자아이들은 과소평가를 받거나 아무것도 할 수 없는 사람으로 취급받는다. 이런 여자아이들은 모든 일에 의심을 품으며 망설인다. 나아가 평생 동안 남자만 무언가를 이룰 수 있다는 편견에 짓눌려 지낼 것이다.

둘째 아이의 상황도 나름의 특징이 있다. 둘째 아이는 첫째 아이와는 전혀 다른 위치에 선다. 자신 앞에는 늘 선두 주자가 있다. 보통 둘째 아이는 선두 주자인 첫째를 앞지른다. 첫째 아이는 그런 경쟁자에게 약이 오르고, 결국 그 눈엣가시 같은 존재는 가족 안에서 첫째가 차지했던 자리를 빼앗는다. 첫째 아이는 경쟁에 놀라기만 하다가 경쟁에서 거의 이기지 못한다. 부모가 둘째 아이에게 주목하면서 첫째는 부모의 관심에서 점점 멀어진다. 한편 둘째 아이는 항상 선두 주자와 맞서야 하고 그러다 보니 늘 경주를 벌인다. 이것이 둘째가 가족 안에서 갖는 독특한 위치다. 둘째 아이는 대부분 반항 의지를 보이며 권력이나 권위를 인정하지 않는다.

역사나 전설 속에서는 강력한 막내들이 무수히 등장한다. 성서에 나오는 요셉이 대표적인 예다. 요셉은 형들을 모두 능가하고 싶어 했다. 요셉이 집에서 쫓겨난 후 동생이 태어났지만 그 사실이 상황을 바꿔 놓지는 못했다. 요셉에게 자신의 위치는 여전히 막내였다. 동화에서도 막내가 주도적인 역할을 하는 내용이 나온다. 이 특징들은 실제로 어린 시절에서 비롯하며, 그 사람의 통찰력이 커지지 않는 한 쉽게 바뀌지 않는다. 아이를 바로잡으려면 먼저 어린 시절에 무슨 일이 있었는지 파악해야 한다. 또한 원형이 본인의 삶에 부정적인 영향을 끼치고 있다는 사실을 아이가 깨닫도록 도와주어야 한다.

6. 어린 시절의 기억이 원형이다

개인의 원형을 이해하는 가장 좋은 방법은 과거의 기억을 연구하는 것이다. 모든 지식과 관찰을 근거로 연구하다 보면 어린 시절의 기억이 원형에 속한다는 결론을 내리게 된다.

아래의 사례들을 보면 이를 더 분명히 파악할 수 있다. 신체적 결함이 있는 아이의 경우를 보자. 가령 위가 약한 아이가 있다고 하자. 이 아이에게 과거에 무언가를 보거나 들은 기억이 남아 있다면 그것은 아마 먹는 것과 관련되어 있을 것이다. 왼손잡이라는 사실도 아이의 세계관에 큰 영향을 끼친다.

또 어떤 사람은 어머니가 자기를 응석받이로 키우다가 동생을 낳았다는 식의 이야기를 할지도 모르고, 아버지가 욱하는 기질이 있어 심하게 두들겨 맞았다거나 학교에서 아이들에게 미움을 사는 바람에 구타를 당했던 이야기를 할 수도 있다. 이 징후들이 지니는 의미를 읽어 낼 수 있는 기술을 배운다면, 우리는 이 모든 기억을 귀한 참고 자료로 활용할 수 있을 것이다.

어린 시절의 기억을 읽어 내려면 탁월한 공감 능력이 필요하다. 공감 능력이란 자신을 환자와 '동일시(identification)'하면서 환자의 어린 시절 속으로 들어가는 능력을 말한다. 우리는 공감 능력을 통해서만 아이의 인생에서 동생의 출현이 갖는 의미를 이해한다. 아이가 욱하는 아버지의 학대로 받은 마음의 상처를 이해할 수 있는 것이다.

아이의 기억을 읽을 때 처벌이나 충고, 설교로는 어떤 것도 얻어 낼 수 없다. 또한 아이든 어른이든 어떤 점이 변해야 하는지 모르면 아무것도 이룰 수 없다. 무엇이 잘못되었는지 모르는 아이는 점점 더 교활하고 비겁해진다. 아이의 원형은 처벌이나 설교로는 절대 바뀌지 않는다. 단순하게 인생 경험을 많이 한다고 해서 바꿀 수 있는 것도 아니다. 인생 경험은 이미 그 사람의 통각 체계와 긴밀히 얽혀 있기 때문이다. 아이의 진정한 변화는 치료자가 아이 성격의 가장 근본에 도달할 때라야 비로소 찾아온다.

7. 공통의 가치를 이해 못하는 사람들

발달 상태가 좋지 않은 아이들의 가족을 관찰해 보자. 어떤 질문을 던졌을 때 아이들이 적절히 대답한다는 점에서 모두가 똑똑해 보인다. 하지만 아이들의 표정을 자세히 관찰하면 심한 열등감을 느끼고 있다는 사실을 알 수 있다.

물론 똑똑한 사람이 반드시 상식적인 사람은 아니다. 아이들은 신경증 환자에게서 볼 수 있는 사적인 정신 자세를 가지고 있다. 예를 들면 강박 신경증 환자는 창문의 개수를 세는 일이 쓸데없다는 것을 알면서도 그 행위를 멈추지 못한다. 유익한 일에 관심을 기울이는 사람은 결코 이런 행동을 하지 않을 것이다. 정신 이상자에게서도 이와 같은 사적인 논리와 언어를 찾아볼 수 있다. 정신 이상자는 모두가 공감하는 '상식'적인 언어로 말하지 않는다.

상식적인 판단과 지극히 사적인 판단을 비교해 보면 거의 대부분 상식적인 판단이 옳다. 상식에 의해 우리는 선과 악을 구분한다. 그리고 상황이 복잡해서 잘못을 저지르더라도 상식을 통해 바로잡는 경우가 있다. 하지만 사적인 관심사에만 집중하는 사람은 그렇지 않은 사람보다 옳고 그름을 잘 구분하지 못한다. 실제로 자신의 행동을 관찰자에게 내보이며 자신의 무능함을 드러낸다.

예를 들어 범죄 행위를 살펴보자. 범죄자에게 범행의 동기나 이유에 대해 물어보면 늘 자신의 범행을 훌륭하고도 영웅적인 행위로 간주하며 대답한다. 그는 자신의 우위를 입증했다고 믿는다. 다시 말해 자기가 경찰보다 똑똑하며 다른 사람들을 능가한다고 생각하는 것이다. 스스로 영웅이 된 범죄자는 자신의 행위가 진짜 영웅적인 것과는 거리가 멀다는 사실을 깨닫지 못한다. 범죄자가 범죄와 같이 무익한 행동을 하는 까닭은 그에게 사회적 관심이 부족하기 때문이다. 또한 내면에 용기가 부족해 비겁한 것과도 관계가 있다.

하지만 범죄자 자신은 정작 이런 사실을 잘 모른다. 무익한 일에 집착하는 사람들은 흔히 어둠과 고립을 두려워하면서 다른 사람들과 함께하고 싶어 한다. 이것이 다름 아닌 '비겁함'이다. 그러므로 범죄를 막는 가장 좋은 방법은 범죄가 비겁함을 공표하는 일에 불과하다는 사실을 모든 사람에게 납득시키는 것이다.

일부 범죄자들은 30세에 가까워지면 늦게나마 직업을 갖고 결혼도 하면서 선량한 시민이 된다. 대체 무슨 일이 일어난 것일까? 절도범의 경우를 예로 들어 살펴보자. 30세의 절도범과 20세의 절도범 사이에 과연 경쟁이 가능할까? 후자가 훨씬 더 똑똑하고 힘도 세다. 더구나 30세가 되면 이전과는 다른 삶을 살아야 한다는 압박감을 받는다. '절도범'이라는 직업으로는 더 이상 돈을 벌기가 어렵기 때문에 은퇴하는 편이 낫다고 생각하는 것이다.

범죄에 관해 우리가 알아야 할 사실이 한 가지 더 있다. **범죄에 대한 처벌이 강해지면 범죄자는 두려워하기보다 자신이 영웅이라는 믿음에 더 강한 확신을 갖는다. 범죄자들은 자기중심적 세계에 갇혀 살아가고 있기 때문이다.** 그 세계에서는 누구도 진정한 용기나 자신감, 공동체 의식이나 공통의 가치를 이해하지 못한다. 그래서 자기중심적 세계에 갇힌 사람들은 공동체 생활을 하지 못한다. 신경증 환자들이 동호회에 가입하는 경우는 거의 찾아볼 수 없다. 광장 공포증이나 정신병을 앓고 있는 사람도 마찬가지다. 아이나 어른이나 자살을 시도하는 사람은 친구 사귀는 일에 어려움을 느낀다.

이에 관한 원인들은 아직까지 명확히 밝혀지지 않았다. 하지만 한 가지 원인은 알려져 있다. 친구를 사귀지 못하는 이유는 어린 시절에 자기 중심적으로 삶의 방향을 정했기 때문이다. 즉 원형이 그릇된 목표를 설정했고, 그에 따라 삶의 방향도 무익한 쪽으로 기울게 되었다.

이제 개인 심리학이 신경증 환자나 범죄자, 알코올 의존증자처럼 바르고 건강한 삶을 외면하는 사람들을 위해 마련한 훈련 프로그램에 대해 알아보자.

무엇이 잘못되었는지 쉽고 빠르게 이해하려면 문제가 시작된 시기부터 살펴야 한다. 보통 환자들은 새로운 환경에 문제의 원인이 있다고 본다. 하지만 조사해 보면 알 수 있듯, 이는 크게 잘못된 판단이다. 환자가 새로운 상황에 호의적일 때는 원형이 가진 문제가 잘 드러나지 않는다. 환자의 통각 체계가 새로운 상황과 조화를 이루고 있기 때문이다. 이처럼 새로운 환경에서 인간이 보이는 반응에 따라 그의 원형에서 비롯한 통각 체계를 알아볼 수 있다. 따라서 환자의 반응은 순수한 반응이 아니다. 이 반응은 환자를 평생 동안 지배해 온 삶의 목표와 일치한다.

개인 심리학 연구에 따라 우리는 예외적인 부분뿐만 아니라 유전의 중요성도 거부해야 한다. 그리고 원형은 환자의 통각 체계에 따른 경험에만 반응하므로 우리가 결과를 얻기 위해서는 바로 이 통각 체계를 연구해야만 한다.

8. 개인의 행동이 목표하는 것을 이해하라

지금까지 20세기 초를 기점으로 지난 25년간 발전해 온 개인 심리학을 요약해 보았다. 그동안 개인 심리학은 새로운 활로를 찾아 먼 길을 걸어왔다. 이 세상에는 수많은 심리학과 정신 의학이 존재한다. 하지만 심리학자들은 각자 한 가지 방향만 고수하면서 다른 심리학자들의 연구 방향은 무시하고 있다. 나는 독자들이 신념이나 신앙에만 의존하지 말고 여러 심리학을 비교해 보라고 권하고 싶다.

그러면 우리가 이른바 '추동 심리학(drive psychology, 영국 태생의 미국 심리학자 윌리엄 맥두걸이 대표적이다.)'이라고 하는 학문에 동의할 수 없다는 사실을 깨닫게 될 것이다. '추동(drive, 본능이 마음에 만들어 내는 에너지 ― 역주)'이라는 개념은 유전적 성향을 지나치게 강조하고 있다. 마찬가지로 행동주의(Behaviorism, 심리적 탐구 대상을 의식에 두지 않고 객관적으로 관찰 수 있는 행동만을 연구 대상으로 삼는 심리학의 한 조류 ― 역주)에서 말하는 '훈련(conditioning)'이나 '반응(reactions)'에도 동의할 수 없게 될 것이다. 개인의 행동이 목표하는 바를 이해하는 것이 중요하다. 이것 없이 '추동'이나 '반응'에서 비롯하는 인간의 운명과 기질을 알아보는 것은 소용없다. 이 심리학들은 개인의 목표에 대해서는 별다른 관심을 갖지 않는다.

독자들에게는 '목표'라는 단어가 막연하게 느껴질 것이다. 그러니 목표라는 개념을 좀 더 구체화할 필요가 있다. 목표를 갖는다는 것은 결국 신(神)처럼 되고 싶어 한다는 말이다. 물론 신처럼 되고 싶다는 것은 목표 중의 목표, 즉 궁극적인 목표다. 교사나 부모는 아이를 신처럼 만들기 위해 세심한 주의를 기울여 교육을 해야 한다.

발달 단계에 있는 아이는 이 궁극적인 목표를 좀 더 구체적이고 직접적인 목표로 대체한다. 주변에서 가장 강한 사람을 찾아 모델이나 목표로 삼는 것이다. 강한 사람은 아버지가 될 수도 있고 어머니가 될 수도 있다. 남자아이는 때로 어머니에게 직접적으로 영향을 받기도 한다. 어머니가 가장 강력한 존재이기 때문이다. 좀 더 커서는 마부(馬夫)를 가장 강력한 사람으로 여겨 마부처럼 되고 싶어 할 수도 있다.

아이가 마부가 되겠다는 목표를 품으면 목표와 일치하는 특징을 갖추기 위해 마부처럼 행동하고, 느끼고, 옷을 입으려 할 것이다. 하지만 교통 경찰이 도로에서 지나가는 마부를 향해 손가락을 한 번 까딱했다고 해 보자. 그 즉시 마부는 멈출 것이고, 이를 본 아이의 이상(理想)은 곧바로 교통경찰로 바뀌게 될 것이다. 훗날 그 이상은 의사나 선생님으로 바뀔 수도 있다. 일부 아이들은 학생들에게 벌을 줄 수 있다는 이유로 선생님을 강력한 존재로 받아들이기 때문이다.

아이는 목표를 선정하는 과정에서 구체적으로 자신이 꿈꾸어 왔던 대상들을 선택한다. 이때 <u>아이가 선택한 목표는 실제로 아이의 사회적 관심을 나타내는 지표가 된다.</u> 어느 날 어떤 아이에게 나중에 커서 뭐가 되고 싶으냐고 묻자, "사형 집행인이 되고 싶어요."라고 답했다. 이 아이는 사회적 관심을 결여한 경우에 속한다. 아이는 신처럼 생사(生死)의 주인이 되고 싶어 하는 것이다. 하지만 사회라는 공동체보다 강력한 존재가 되고 싶어 하다 보니 결국 무익한 삶을 추구하게 되었다. 의사가 되기를 바라는 목표 역시 신처럼 생사를 관장하고 싶은 열망을 보여 준다. 하지만 이 목표는 앞의 경우와 달리 사회적 배려와 도움을 통해 실현된다.

📖 KEY POINT 삶의 과학

- 개인 심리학은 삶 자체를 연구 대상으로 삼는 '삶의 과학'이며, 인간을 총체적인 존재로 간주한다.
- 개인 심리학은 유전적 요소보다 어린 시절에 형성되는 '원형'과 그로 인해 설정된 '삶의 목표'가 인생에 영향을 끼친다고 본다.

PART 2
인류 발전의 동력원

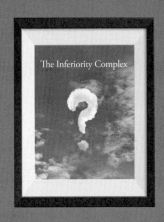

열등 콤플렉스

The feeling of inferiority arises from a social maladjustment.
열등감은 사회에 적응하지 못해 생긴다.

1. 의식과 무의식은 무 자르듯 나눌 수 없다

개인 심리학에서 '의식'과 '무의식'이라는 용어를 구분하지 말아야 한다. 의식과 무의식은 같은 방향으로 함께 작용하므로 흔히들 알고 있는 것처럼 서로 모순되는 것이 아니다. 더구나 의식과 무의식을 구분 짓는 경계도 명확하지 않다. 따라서 이 둘을 함께 움직이게 하는 공통의 목표를 찾는 일이 무엇보다 중요하다. 의식과 무의식이 어떻게 연결되어 있는지 파악하기 전까지는 무엇이 의식이고 무엇이 무의식인지 결정하기 어렵다. 이 둘이 어떻게 연결되는지는 삶의 유형, 즉 앞 장에서 살펴본 '원형'에서 드러난다.

가정을 가진 40세 남자 환자의 사례를 보면 무의식과 의식이 얼마나 밀접하게 연결되어 있는지 알 수 있다. 그는 창밖으로 뛰어내리고 싶은 충동 때문에 괴로워서 충동을 억제하기 위해 고군분투했다. 이 충동만 제외하면 그는 꽤 괜찮은 사람이었다. 주위에 친구들도 있었고, 사회적 지위도 높았으며, 아내와도 행복하게 지냈다.

이 환자의 상황은 의식과 무의식의 긴밀한 연결을 배제하고는 절대 설명할 수 없는 경우에 속한다. 그는 의식적으로 창문에서 뛰어내려야 한다고 느꼈다. 그런데도 그는 여전히 살아 있었고, 실제로 한 번도 창문에서 뛰어내린 적이 없었다. 왜냐하면 그에게 또 다른 측면이 있었기 때문이다. 바로 자살하고 싶어 하는 충동과 맞서 싸우려는 무의식, 즉 '의지'였다. 이처럼 무의식과 의식이 서로 협력한 결과 그는 승자가 되었다. 사실 '생활 양식(Lebensstil, style of life, 삶에 대한 사고나 행동의 경향 — 역주)'에서 그는 우월함을 성취한 승리자였다. '생활 양식'에 대해서는 다음 장에서 더 자세히 다룰 것이다.

독자들은 의식적으로 자살 충동을 느끼는 사람이 어떻게 우월감을 느낄 수 있는지 궁금할 것이다. 답은 그의 내면에 자살 충동과 맞서 싸우려는 무언가가 있다는 것이다. 전투에서 그를 승자이자 우월한 존재로 만들어 준 것은 충동을 이긴 것, 즉 '승리'다. 객관적으로 보면, 우월감을 얻기 위한 싸움은 열등감을 느끼는 사람에게서 보이는 연약함에서 시작한다. 중요한 사실은 우월감이나 살려는 의지가 열등감이나 죽고 싶은 충동을 앞선다는 것이다. 자살 충동이 의식에 드러나고 있고 살아가려는 의지가 무의식에 존재함에도 불구하고 말이다.

이제 이 환자의 원형이 우리가 주장하는 이론을 뒷받침해 줄 수 있는지 살펴보도록 하자. 먼저 그의 어린 시절 기억을 분석해 보자. 어릴 때 그는 또래 남자아이들로부터 괴롭힘을 당해 학교에서 벗어나고 싶어 했다. 하지만 온 힘을 다해 버티면서 그 아이들과 맞섰다. 다시 말해 자신의 나약함을 극복하려고 노력했던 것이다. 그는 마침내 자신의 문제와 정면으로 맞서 이겨 냈다.

이 사례를 분석해 보면 환자의 인생 목표는 두려움과 불안감을 극복하는 것이다. 이 목표 안에서 의식과 무의식은 서로 밀접히 연결되어 통합을 이루고 있다. 인간의 존재를 하나의 통합체로 보지 않는 사람은 이 환자가 우월하지 않고 성공도 이루지 못했다고 여길 것이다. 환자를 단지 야심만 가진 사람, 즉 싸우려는 마음만 있을 뿐 실제로는 겁쟁이에 지나지 않는다고 주장할 것이다.

하지만 이 주장은 틀렸다. 사례와 관련된 사실들을 모두 조사하거나 고려하지 않았기 때문이다. 또한 관련 사실들을 해석할 때 인간 존재가 하나의 통합체라는 관점을 간과했다. 인간 존재가 통합체라는 사실을 확신하지 못하면 심리학은 인간을 제대로 이해하지 못하는 무용지물이 되고 만다. 의식과 무의식 사이에 아무 관계가 없다고 전제하면 인간의 삶을 완전한 독립체로 보는 일은 불가능하다.

2. 고립된 개인인가, 사회의 일원인가

한 개인의 삶은 하나의 통합체로 보아야 하고, 사회적 관계라는 맥락 속에서도 고려해야 한다. 아이는 태어났을 무렵에는 아주 연약하므로 다른 사람의 도움을 반드시 받아야 한다. 따라서 아이를 돌보고 열등감을 보완해 준 사람들에 대해 살피지 않으면 아이의 생활 양식이나 유형을 이해할 수 없다. 아이는 어머니나 가족과 긴밀한 관계를 맺는다. 하지만 이 점을 고려하지 않고 아이의 신체적인 부분만 분석한다면 아이를 온전히 이해하기 어려울 것이다. 아이의 인격은 신체적 특징을 넘어 사회적 관계라는 전체적 맥락과 깊이 관련되어 있기 때문이다.

아이에게 적용되는 점은 어느 정도까지는 어른에게도 적용된다. 가족의 품 안에서 지내는 아이들이나 사회의 품 안에서 살아가는 사람들은 '연약하다'라는 점에서 매우 비슷하다. 사람들은 누구나 어려운 상황에 처하면 혼자 힘으로 이겨 내기 힘들다고 느낀다. 혼자서는 이길 수 없다고 생각하는 것이다.

그래서 인간에게 무리를 짓는 경향이 생겼다. 고립된 개인이 아니라 사회의 일원으로 함께 살아가기 위해서다. 사회를 이루며 사는 삶은 무력감과 열등감을 극복하는 데 큰 도움을 준다.

이와 비슷한 현상을 동물들의 세계에서도 볼 수 있다. 약한 종은 늘 무리 지어 다닌다. 무리 지어 함께할 때 생기는 힘이 개체들의 부족함을 채워 주기 때문이다.

예를 들어 물소가 떼를 지어 다니면 늑대의 공격을 피할 수 있다. 물소한 마리가 늑대를 상대하기는 어렵지만 무리를 이루어 머리를 가까이 대고 발길질하면 제아무리 사나운 늑대라도 물러설 수밖에 없다. 반면, 고릴라나 사자, 호랑이 등은 큰 무리를 짓기보다 각자의 힘으로 살아간다. 남의 도움이 없어도 스스로를 보호할 수 있기 때문이다. 하지만 맹수에 비해 힘이 약하고 발톱이나 이빨도 날카롭지 않은 인간은 혼자서는 결코 살아갈 수 없으므로 사회를 이룰 수밖에 없다.

그렇다고 해서 사회를 이루고 사는 사람들의 능력과 기능이 모두 똑같다고 생각해서는 안 된다. 올바른 사회라면 구성원들이 제각기 다른 자신의 능력을 최대한 계발할 수 있도록 도와야 한다. 그렇지 않으면 구성원들이 전적으로 타고난 능력만으로 평가되어야 하므로 이 관점은 매우 중요하다. 사실 한 개인이 고립되어 살면 능력과 기능이 부족해 어려움을 겪을 수 있지만 잘 조직된 사회 안에서는 서로 도와 부족한 점을 보완할 수 있다.

3. 언어는 사회적 발명품이다

개인적인 결점이 유전된 것이라고 가정해 보자. 그렇다면 심리학의 목표는 타고난 결점으로 인한 결과들을 줄이기 위해 다른 사람들과 잘 지내도록 훈련시키는 일이 될 것이다.

사회가 발전해 온 역사를 보면 사람들이 결점을 극복하기 위해 어떻게 협력해 왔는지 알 수 있다. 사람들은 언어가 사회적 발명품이라는 사실을 알고 있다. 하지만 대부분이 개인의 결점이 발명의 어머니라는 사실은 깨닫지 못한다. 이 진리는 아이의 초기 행동에서 분명하게 나타난다. 아이들은 욕구가 채워지지 않으면 나름의 언어를 사용해 주위의 시선을 끌려고 노력한다. 하지만 주의를 끌 필요가 없으면 언어를 사용하지 않는다.

어머니는 세상에 태어난 지 몇 달 안 된 아이가 바라는 것을 말하지 않아도 알아서 다 채워 준다. 이 같은 일의 한 예로 아이가 말할 필요성을 느끼지 못해 6세가 될 때까지 말을 하지 않았다는 기록도 있다. 귀가 들리지 않거나 말을 못하는 부모를 둔 아이의 경우도 마찬가지다. 이 아이는 바닥에 넘어져 울 때도 우는 모습만 보여 주었을 뿐 소리는 내지 않는다. 부모가 소리를 듣지 못하므로 울음소리가 아무 소용이 없다는 사실을 알았던 것이다.

우리는 연구하는 대상들이 놓인 사회적 맥락까지 늘 염두에 두어야 한다. 한 개인이 설정한 '우월 추구(goal of superiority)'의 목적을 이해하려면 그를 둘러싼 사회적 환경도 살펴야 한다. 개인의 '부적응(maladjustment)'을 이해하기 위해서도 사회적 맥락을 주의해서 보아야 한다. 그 예로 언어를 통해 타인과 접촉하는 일이 어려워서 사회에 적응하지 못하는 사람들을 들 수 있다.

말을 더듬는 사람이 그 대표적인 경우다. 조사해 보면, 말더듬이가 아주 어릴 때부터 사회에 적응하지 못했다는 사실을 알 수 있다. 어떤 활동에도 참여하고 싶어 하지 않았고, 친구나 동료도 사귀려 하지 않았다. 말하는 능력은 타인과의 교류를 통해 향상된다. 하지만 말더듬이는 교류를 피해 왔기 때문에 계속해서 말을 더듬을 수밖에 없다.

언어 장애를 가진 사람은 두 가지 성향을 보인다. 하나는 다른 사람들과 교류하고 싶어 하는 성향과, 다른 하나는 스스로 고립되려고 하는 성향이다.

어른들도 사람들과 자주 접촉하지 않으면 공개 석상에서 말을 잘 못하고 무대 공포증을 갖게 된다. 청중을 자신의 적(敵)으로 여기기 때문이다. 이들은 적대적이고 위압적으로 보이는 청중과 만나면 일종의 열등감을 갖는다. 자신과 청중을 신뢰하게 되었을 때 비로소 말을 잘하고 무대 공포증도 이겨 낸다.

4. 사회성 훈련으로 열등감을 극복하다

따라서 열등감과 '사회성 훈련'은 서로 밀접하게 관련되어 있다. 열등감은 사회에 적응하지 못해 생기기 때문에 사회성 훈련은 열등감을 극복하는 기초가 될 수 있다.

사회성 훈련과 상식은 직접적으로 관련되어 있다. 사람들이 상식으로 어려움을 해결한다고 말할 때, 이는 사회의 공동 지성을 염두에 두는 것이다. 한편 지극히 사적인 언어와 논리를 사용하는 사람은 비상식적이다. 정신 이상자나 신경증 환자, 범죄자가 이런 유형에 속한다. 그들에게는 사람과 제도, 사회적 규범이 전혀 통하지 않는다. 그렇지만 이들을 구원할 방법도 결국 사람과 제도, 사회적 규범이다. 이런 유형의 사람들을 치료할 때 해야 할 일은 사회에 관심을 갖게 하는 것이다.

신경증 환자들은 자신이 다른 사람에게 선의를 보일 줄만 알면 치료될 것이라고 생각한다. 하지만 선의 이상의 것도 필요하다. 이들에게는 실제로 성취하거나 베푸는 일이 사회에서 중요하다는 사실을 가르쳐 주어야 한다.

열등감을 느끼거나 우월을 추구하는 것은 보편적인 일이다. 그렇다고 해서 모든 사람이 똑같다는 것은 아니다. 열등감과 우월 추구는 인간 행동을 좌우하는 일반적인 조건이다. 이것 외에 육체적인 힘이나 건강, 환경 등 다른 조건들도 많다. 그래서 같은 상황에서도 각기 다른 잘못을 저지르는 것이다. 아이들을 관찰해 보면 같은 반응을 보이지 않고 저마다 다르게 자신만의 방식으로 반응을 보인다. 그 과정에서 각자 실수를 저지르지만 나름의 성공을 향해 조금씩 나아간다.

5. 문제는 태도다!

이번에는 개인들의 특징과 차이에 대해 분석해 보려고 한다. 먼저 왼손잡이 아이들을 예로 들어 보자. 왼손을 쓰는 아이들 중에는 자신이 원래 왼손잡이였다는 사실을 모르는 아이들도 있다. 오른손을 쓰도록 조심스럽게 훈련받았기 때문이다. 왼손잡이는 처음에 오른손을 쓰는 데 서툴러서 꾸지람을 듣거나 놀림을 받기도 한다. 하지만 왼손잡이를 놀리는 것은 옳지 않다. 그보다는 아이가 양손을 모두 쓸 수 있도록 훈련시켜야 한다.

아이가 왼손잡이라는 것은 쉽게 파악할 수 있다. 왼손잡이 아이는 요람에 누워 있을 때부터 오른손보다 왼손을 많이 움직이기 때문이다. 나중에 아이는 오른손을 불완전하게 사용하는 것에 부담을 느껴 오른손과 오른팔에 더 많은 관심을 기울인다. 특히 그림을 그리거나 글씨를 쓸 때 이 점이 명확히 드러난다. 훗날 이런 아이가 보통 아이들보다 훈련이 잘되어 있다는 사실은 놀라운 일이 아니다. 아이가 오른손을 쓰는 게 불완전해서 좀 더 주의 깊게 훈련에 임하기 때문이다. 이런 이유로 왼손잡이는 예술적인 재능을 계발하는 데 큰 이점을 갖기도 한다.

한편 왼손잡이여서 오른손을 훈련해야 하는 아이가 다른 사람을 시기하거나 깊은 열등감에 빠지는 경우도 있다. 자신의 한계를 극복해 나가는 과정이 지나치게 힘들 때 이런 일이 일어난다. 이때 발생하는 열등감은 일반적인 경우보다 극복하기가 어렵다. 이 사람은 끊임없는 싸움을 통해 공격적인 사람으로 변해 간다. 스스로 서툰 모습이나 결점을 보여서는 안 된다는 마음을 품기 때문에 남들보다 더 많은 부담을 떠안게 되는 것이다.

아이들은 4~5세 때 형성된 원형에 따라 다양한 방식으로 노력도 하고 실수도 저지르며 성장해 간다. 아이들 각자의 목표는 모두 다르다. 어떤 아이는 화가가 되고 싶어 하고, 어떤 아이는 자기와 맞지 않은 세상에서 벗어나고 싶어 한다. 우리는 아이가 어떻게 불완전한 모습에서 벗어날 수 있는지 알고 있지만 아이는 모른다. 하지만 아이에게 불완전한 모습에서 벗어나는 올바른 방법을 설명해 주는 경우는 많지 않다.

대부분의 아이들은 눈이나 귀, 폐나 위가 아직 불완전하다. 아이들은 불완전한 부분에 온통 관심을 쏟는다. 이에 관해 한 남자의 흥미로운 사례가 있다. 이 남자는 회사 일을 끝내고 집에만 돌아오면 천식 증상이 나타나 고생을 했다. 남자는 나이 45세에 기혼이며 사회적 지위도 꽤 괜찮았다. 퇴근 후 집에서만 천식 증세가 나타나는 이유를 묻자 그는 다음과 같이 설명했다.

"글쎄요, 제 아내는 대단한 물질주의자이고 저는 이상주의자입니다. 그래서 사이가 좋지 않죠. 저는 집에 돌아오면 그냥 조용히 쉬고 싶은데 아내는 밖에 나가 사람들과 어울리고 싶어 합니다. 밖으로 나가지 못하고 집에만 있는 것에 대해 불만을 토로하죠. 그러면 저는 기분이 나빠지고 숨통이 짓눌리기 시작합니다."

왜 이 사람은 숨이 막혔던 걸까? 그리고 왜 구토는 하지 않았던 것일까? 사실 그는 자신의 원형에 충실했다. 어릴 때 아파서 몸에 붕대를 감은 적이 있었다. 그런데 붕대가 너무 압박하는 바람에 숨 쉬기가 힘들었다. 그에게는 자신을 돌보아 주는 유모가 있었는데 그를 좋아해서 늘 옆에 앉아 마음을 위로해 주었다. 유모는 아이에게 많은 관심을 쏟았고, 아이는 언제나 유모에게 위로받을 수 있을 것이라 믿었다. 하지만 아이가 네 살 때 유모는 결혼해 먼 곳으로 떠났다. 아이는 슬피 울며 역까지 나가 유모를 배웅했다. 유모가 떠난 뒤 아이는 어머니에게 이렇게 말했다고 한다. "유모가 떠났으니 이제 세상에 재미있는 건 없어요."

남자는 성인이 되어서도 원형이 형성되던 시기처럼 자신을 즐겁게 해주고 위로하며 자신에게만 관심을 기울일 이상적인 사람을 찾고 있었다. 숨을 쉬기가 힘들었던 이유는 공기가 희박해서가 아니라 즐겁지 않고 위로받지 못했기 때문이다. 당연한 말이지만 자신을 늘 즐겁게 해 줄 사람을 찾는 건 쉬운 일이 아니다.

남자는 상황을 전반적으로 통제하고 싶어 했고, 실제로 그렇게 했을 때 어느 정도 정상적인 호흡을 할 수 있었다. 상황이 이렇게 되자 아내는 남편이 숨을 쉬기가 어려운 상황이 되면 극장에 가거나 모임에 참석하는 걸 포기할 수밖에 없었고, 남편은 이런 식으로 '우월 추구의 목적'을 성취했다.

겉으로 보면 남자는 올바르고 괜찮은 사람이지만, 마음속에는 정복자가 되고 싶은 욕망이 자리하고 있었다. 아내를 물질주의자가 아닌 이상주의자로 만들고 싶었던 것이다. 이렇듯 겉과 속이 다른 사람은 내면을 한 번쯤 의심해 보아야 한다.

시력에 문제가 있는 아이들은 보는 것에 관심이 많다. 이런 아이들의 경우 특별한 능력이 계발되기도 한다. 독일의 위대한 작가 구스타프 프라이타크(Gustav Freytag, 1819~1895년)는 심한 난시를 극복하며 많은 업적을 이루었다. 뛰어난 작가나 화가 들 중에는 시력에 문제가 있는 사람들이 있는데, 이 문제가 전혀 새로운 열매를 맺기도 한다. 프라이타크는 다음과 같이 고백했다. "내 눈은 다른 사람들과 다르기 때문에 나는 상상력을 이용하고 훈련할 수밖에 없었다. 이러한 결점 때문에 내가 훌륭한 작가가 되었다고 생각하지는 않는다. 다만 시력이 나쁘기 때문에 상상력을 통해 남들보다 세상을 더 잘 볼 수 있게 되었을 뿐이다."

천재들을 관찰해 보면 눈이 나쁘거나 신체에 다른 결함이 있는 경우가 많다. 역사나 전설 속 신들조차 한쪽 눈이 안 보이거나 두 눈이 모두 안 보이기도 한다. 천재들 중에는 눈이 보이지 않지만 다른 사람보다 선, 음영, 색을 잘 구분하는 사람도 있다. 이 사실은 신체적 결함으로 고통받는 아이들도 문제를 적절히 이해하면 해결할 수 있다는 점을 시사한다.

어떤 사람들은 어린 시절부터 위장이 좋지 않아 먹거리에 많은 관심을 보인다. 이들은 먹고 소화시키는 문제로 고생해 왔기에 늘 먹을 수 있는 것과 먹을 수 없는 것에 관해 이야기한다. 아마 어릴 때부터 계속 먹을 수 있는 것과 없는 것에 대한 이야기를 어머니로부터 들으며 자랐을 것이다. 또한 위장의 결함을 극복하기 위해 노력하면서 매 끼니마다 먹을 것에 늘 주의를 기울였을 것이다. 이처럼 먹는 일에 관해 지속적으로 생각하다가 새로운 요리법을 개발하거나 식이 요법 전문가가 되기도 한다.

위장이 약한 사람이 먹는 것 대신 다른 것에 관심을 기울이는 경우도 있다. 그 대체물이 돈일 때가 있는데, 그런 사람은 엄청난 부자가 되기도 한다. 그들은 밤낮을 가리지 않고 돈을 벌고 모으는 일에만 몰두하며 사업에 대한 생각을 결코 멈추지 않는다. 이는 다른 사람에 비해 큰 장점이 될 수 있다. 흥미롭게도 우리는 위장 장애로 고생하는 부자들의 이야기를 심심치 않게 들을 수 있다.

이즈음에서 육체와 정신이 어떻게 연결되어 있는지 다시 한 번 생각해 보자. 장애가 항상 같은 결과를 가져오는 건 아니다. 또한 육체적 결함과 바르지 못한 생활 양식 사이에 인과 관계가 반드시 존재하는 것도 아니다. 신체 장애가 있는 경우에는 적절한 영양을 섭취하는 식으로 식생활을 개선하면 부분적으로라도 장애를 보완할 수 있다. 신체 장애가 꼭 나쁜 결과만 가져오는 것은 아니다. 결과의 원인은 환자의 '태도'에 있다. 개인 심리학을 주창하는 학자들이 장애만을 원인으로 삼지 않고 잘못된 태도를 원인으로 보는 이유와 심리학자들이 원형이 형성된 시기에 생긴 열등감을 극복하라고 하는 이유도 모두 여기에 있다.

6. 격려는 열등 콤플렉스에 가장 좋은 치료제

때로는 어려움을 극복할 때까지 여유 있게 기다리지 못하는 사람들도 있다. 가만히 있지 못하고 끊임없이 불안하게 움직이거나 안달하는 사람들은 열등감이 강한 사람이라고 보아도 좋다. 어려움을 극복할 수 있다는 사실을 아는 사람은 조급해 하지 않는다. 하지만 이 경우에 원하는 바를 늘 성취할 수 있는 것은 아니다. 무례하고 건방진 성격을 지닌 아이들도 열등감이 심한 경우라고 할 수 있다. 환자들을 대할 때 이 같은 열등감의 원인을 찾아내는 것이 심리학자들의 임무다. 이때 원형에서 비롯한 생활 양식에서 나타나는 잘못을 절대 비난하거나 꾸짖어서는 안 된다.

아이들을 관찰할 때, 아이가 보이는 특수한 관심, 남을 능가하려는 노력, 우월 추구의 목적을 이루려 세우는 계획을 통해 아이의 원형을 살펴볼 수 있다. 자신을 신뢰하지 못하는 내면의 상태를 몸가짐이나 표정으로 드러내는 사람도 있다. 이런 사람은 가능한 다른 사람을 배제하려고 하며, 새로운 상황과 맞닥뜨려야 하는 곳은 피하고 안전함을 느끼는 작은 집단 안에 머무르려고 한다. 그리고 이러한 태도는 학교생활이나 일상생활을 할 때, 사회생활이나 결혼 생활을 할 때 똑같은 모습으로 나타난다. 많은 사람이 '우월 추구의 목적'을 이루기 위해 작은 공간 안에서 많은 것을 이루고자 한다. 이들은 누구나 결과를 얻기 위해서는 모든 상황과 마주해야 한다는 진리를 잊고 있다. 모든 상황과 마주해야 한다. 어떤 사람이 특정한 상황이나 사람을 배제한다면 이는 자신을 정당화하기 위해 지극히 사적인 논리를 내세우는 행동이다. 사람에게는 사회적 접촉과 상식이 충분히 필요하다. 따라서 이와 같은 태도는 절대 좋지 않다.

어떤 철학자가 자신의 연구 과제를 끝내려면 생각을 모으고 정리하는 데 홀로 오랜 시간을 보내야 한다. 따라서 매일같이 다른 사람들과 점심 혹은 저녁을 먹는 일은 불가능하다. 그렇지만 연구가 끝난 후에는 다른 사람들과 어울려야 한다. 이러한 어울림은 그가 발전하는 데 중요한 요소다. 철학자를 만날 때 반드시 기억해야 할 것은 그에게는 두 가지 행위, 즉 연구와 사회적 접촉이 필요하다는 사실이다. 또한 그가 유익한 행동을 하는 사람인지 아닌지, 그리고 유익한 행동과 무익한 행동의 차이가 무엇인지 신중히 살펴야 한다.

사람은 언제나 자신이 우월해질 상황을 찾는다는 진리를 통해 우리는 '사회적 과정(social process, 사회생활에서 일반적으로 찾아볼 수 있는 반복되는 상호 작용 양식 — 역주)'이 어떻게 진행되는지 알 수 있다. 열등감이 심한 아이는 자기보다 강한 아이를 배제하고 자신이 통제하고 지배할 수 있는 약한 아이하고만 어울린다. 열등감이 비정상적이고 병적으로 표현된 예다. 여기서는 열등감 자체가 아닌 열등감의 정도나 질이 중요하다.

비정상적인 열등감은 '열등 콤플렉스(inferiority complex)'라고 부른다. 하지만 인간의 전 인격에 스며든 열등감에 콤플렉스라는 말이 정확히 들어맞는 표현은 아니다. 단순한 콤플렉스 이상이며 폐해가 상황에 따라 달라지는 질병에 가깝다. 어떤 사람은 일을 할 때 자신감이 넘쳐 열등감이 없는 것처럼 보인다. 하지만 모임에 나가거나 이성을 만날 때는 자신감을 잃는데, 이때 그의 실제적인 심리 상태를 엿볼 수 있다.

사람이 긴장하거나 힘든 상황에 처하면 무엇이 잘못되었는지 잘 알 수 있다. 힘들고 어려운 상황에서 원형이 본래 모습을 드러내기 때문이다. 새로운 상황은 어려운 상황인 경우가 많다. 앞 장에서도 설명했듯이 '사회적 관심'의 정도는 새로운 사회적 상황에 처할 때 비로소 잘 드러난다.

아이가 학교에 다니게 되면, 친구들과 어울리며 생활하는 모습을 통해 아이의 사회적 관심이 어느 정도인지 관찰할 수 있다. 만일 아이가 너무 설치거나 능글맞거나 영악하다면 이유를 찾기 위해 아이의 마음을 들여다보아야 한다. 사람들 앞에 서는 것을 어려워하는 아이가 있다면 이 어려움이 훗날 사회생활이나 결혼 생활에까지 이어지지 않도록 세심한 주의를 기울여야 한다.

우리는 일상에서 이렇게 말하는 사람들을 자주 보게 된다. "나는 이걸 이런 식으로 할 거야.", "난 이 직업을 택할 거야.", "나는 저 사람하고 싸울 건데 …… 하지만!" 이 모든 발언은 열등감이 심하다는 징후다. 이 같은 말들을 열등감의 징후로 본다면 우리는 아이에게서 의심과 같은 감정들을 읽어 낼 수 있을 것이다. 의심에 빠져 있는 사람은 언제나 의심만 하고 아무것도 해내지 못한다. "난 하지 않을 거야."라고 말하는 사람은 말 그대로 아무것도 하지 않을 것이다.

심리학자는 사람들을 면밀히 관찰하다가 모순을 발견할 때가 있다. 모순은 열등감의 징후로 여겨질 수 있다. 문제가 있는 사람의 행동을 살필 때는 이 사람이 사람들을 만날 때 주저하는 걸음이나 몸짓을 하는지 관찰해야 한다. 이런 사람은 다른 사람들에게 접근하거나 그들을 만나는 방식이 서툴 수 있다. 다른 상황에서도 주저하는 태도가 나타난다. 한 예로 한 걸음 내딛다가 다시 한 걸음 물러서는 사람들을 들 수 있다. 이 역시 열등감이 심하다는 징후다.

우리의 임무는 주저하는 태도를 버릴 수 있도록 환자를 훈련시키는 것이다. 가장 좋은 치료는 '격려'다. 절대로 좌절시키면 안 된다. 환자는 이미 어려움에 직면해 삶의 과제들을 해결할 수 있는 힘을 갖추고 있다. 우리는 이 사실을 그에게 이해시켜야 한다. 이것이 자신감을 키우고 열등감을 극복하게 하는 유일한 방법이다.

KEY POINT 열등 콤플렉스
- 열등감은 누구나 가지고 있는 정상적인 감정이다. 열등감이 비정상적으로 심해지면 열등 콤플렉스가 된다. 열등 콤플렉스의 징후는 환자의 몸짓과 표정, 말에서 드러난다.
- 열등 콤플렉스를 치료할 유일한 방법은 환자에게 다음과 같은 사실을 일깨워 주는 것이다. 환자는 삶의 과제를 해결할 수 있는 힘을 이미 가지고 있다.

PART 3
열등감에 빠진 영웅

우월 콤플렉스

The superiority complex is a compensation for the inferiority complex.
우월 콤플렉스는 열등 콤플렉스에 대한 보상이다.

1. 사람은 누구나 우월을 추구한다

2장에서는 열등 콤플렉스에 대해, 그리고 열등 콤플렉스와 일반적인 열등감과의 관계에 대해 살펴보았다. 3장에서는 우월 콤플렉스에 대해 알아볼 것이다.

앞에서 한 개인의 삶이 인생의 여러 과정 속에서 어떻게 드러나는지 살펴보았다. 개인의 삶에도 과거와 미래가 있다고 할 수 있다. '미래'는 우리가 추구하는 목표와 관련이 있고, '과거'는 우리가 극복하려고 하는 열등감과 결핍의 상태가 무엇인지 보여 준다. 열등 콤플렉스의 경우에 콤플렉스가 생기기 시작한 초반에 관심을 두었다면, 우월 콤플렉스의 경우에는 연속성, 즉 진행 과정 자체에 초점을 두어야 한다. 더욱이 두 콤플렉스는 서로 밀접하게 연결되어 있다. 열등 콤플렉스를 가진 환자에게 숨어 있던 우월 콤플렉스가 발견되기도 하고, 마찬가지로 우월 콤플렉스를 관찰하는 과정에서 열등 콤플렉스가 발견되기도 하기 때문이다.

열등과 우월에 '콤플렉스'라는 단어를 붙인 이유는 열등감이나 우월 추구가 과도한 상태임을 나타내기 위해서다. 이제 서로 반대되는 두 성향, 즉 열등 콤플렉스와 우월 콤플렉스가 한 개인 안에 동시에 존재하는 것이 더 이상 역설로 들리지 않을 것이다. 정상적인 감정인 열등감과 우월감은 당연히 상호 보완적이다. 우리가 현재 상황에서 부족함을 느끼지 않는다면 우월해지거나 성공하려고 노력하지 않을 것이다. 콤플렉스들이 정상적인 감정에서 비롯했다면 감정들 사이에 모순이 없듯 콤플렉스들 사이에도 모순이 없을 것이다.

사람은 누구나 우월을 추구하는 일을 멈추지 않는다. 실제로 우월 추구를 위한 노력은 한 사람의 마음과 정신을 구성한다. 인생은 어떤 목표를 성취하는 것이며, 목표를 성취하기 위해 우월을 추구하는 것이기 때문이다. 인생은 마치 모든 것을 이끌고 천천히 흘러가는 강물과도 같다.

활동적이지도 않고 매사에 관심이 없어 보이는 아이들을 만나 목표가 무엇이냐고 물어 보면, 이 아이들은 아무것도 추구하지 않는다고 말할지도 모른다. 하지만 내면을 들여다보면 우월해지고자 하는 욕구가 있다. "내가 게으르지만 않다면 대통령이 될 수 있을 텐데."라고 생각하게 만드는 욕구가 존재한다. 말하자면 조건부로 우월을 추구하는 것이다. 아이들은 자신을 대단히 높게 평하고 있으며, '만약 ……한다면' 삶에 유익한 방향으로 많은 것을 성취할 수 있을 것이라 생각한다. 물론 거짓말이고 허구다. 하지만 인간은 허구에 만족할 때도 있다. 용기가 부족한 경우는 더욱 그렇다. 내면이 강하지 않기에 어려움이 닥치면 늘 우회로로 피하면서 자신이 실제보다 강하고 현명하다고 생각한다.

물건을 훔치기 시작한 아이들이 우월감을 느끼는 경우를 볼 수 있다. 이런 아이들은 남들보다 적은 노력으로 더 많은 것을 얻으며, 남을 잘 속이고 있다고 믿는다. 다른 사람들이 자신의 절도 행위를 모른다고 생각하는 것이다. 이러한 감정은 스스로를 영웅이라고 생각하는 범죄자들 사이에서 흔히 발견된다.

이런 특징이 지극히 사적인 논리를 표현한 것에 지나지 않는다는 점은 이미 설명했다. 이것은 상식도 아니고 사회적 통념도 아니다. 살인자가 자신을 영웅이라고 생각한다면, 이것은 지극히 사적인 생각일 뿐이다. 삶의 과제를 해결하지 않고 회피하는 쪽을 선택했기 때문에 살인자는 용기가 부족한 사람에 불과하다. 범죄성은 근본적인 악의 표현이라기보다 우월 콤플렉스의 결과로 볼 수 있다.

신경증 환자에게도 비슷한 증세가 나타난다. 불면증에 시달리는 사람은 체력이 달려 이튿날 회사에서 요구하는 일들을 제대로 해내지 못한다. 이들은 불면증 때문에 자신이 성취할 수 있는 일들을 하지 못한다고 생각하면서 "잠만 잘 잤어도 다 해냈을 텐데!"라고 한탄한다.

불안에 시달리는 우울증 환자에게서도 이런 증세를 확인할 수 있다. 그들은 불안감 때문에 다른 사람들 위에 군림하려 든다. 실제로 다른 사람들을 지배하기 위해 자신의 불안을 빌미로 늘 다른 사람들과 함께 있으려 하고, 어딜 가든지 사람들과 동행하려 한다. 동행하는 사람들은 어쩔 수 없이 우울증 환자의 요구에 맞출 수밖에 없다.

우울증 환자와 정신 이상자는 가정에서 늘 관심의 대상이다. 이들은 가족의 관심과 자신의 열등 콤플렉스를 이용해 가정에서 권력을 휘두르기도 한다. 그들은 몸이 허약해지거나 체중이 줄어드는 것에 대해 위축감을 느끼지만, 가족 안에서 누구보다 강한 존재가 된다. 그들이 오히려 건강한 사람들을 지배한다는 사실에 놀랄 필요는 없다. 가정에서는 약함이 오히려 강함으로 작용할 수 있기 때문이다. (실제로 가정에서 가장 강한 존재는 논리적으로 보면 갓난아이다. 아기는 지배할 뿐 지배받지 않기 때문이다.)

2. 우월 콤플렉스와 열등 콤플렉스는 동전의 양면이다

우월 콤플렉스와 열등 콤플렉스가 어떻게 연결되는지 알아보자. 예를 들어 우월 콤플렉스를 가진 문제아가 있다고 하자. 아이는 무례하고 건방지며 싸우기를 좋아한다. 언제나 자신이 실제보다 거대해 보이길 원한다. 때로는 짜증을 부리며 갑작스럽게 발작을 일으켜 타인을 통제하고 싶어 한다. 이 아이들은 왜 이렇게 안달하는 걸까? 그 까닭은 자신이 목표를 이룰 만큼 충분히 강하다고 생각하지 않기 때문이다. 한마디로 열등의식을 느끼는 것이다.

공격적인 성향을 가진 아이들에게서는 늘 열등 콤플렉스와 이를 극복하고자 하는 욕구를 발견하게 된다. 아이의 공격적인 행동은 거대해 보이고 싶어서, 혹은 손쉽게 성공과 자부심, 우월성을 얻으려고 까치발을 드는 것과 같다.

우리는 이런 아이들을 치료할 방법을 찾아내야 한다. 아이들이 이렇게 행동하는 이유는 삶이 일관적이라는 것을 모르기 때문이다. 이들은 만물의 자연스러운 질서를 이해하지 못한다. 그렇다고 해서 아이들을 함부로 나무라서는 안 된다. 아이에게 정면으로 문제를 들이밀 경우, 아이는 자신이 열등감이 아닌 우월감을 느끼고 있다고 말할 것이다. 그러므로 다정한 태도로 우리의 생각과 관점을 설명하면서 아이가 차츰 이해할 수 있도록 해야 한다.

어떤 사람이 자신을 과시하는 건 열등감 때문이다. 삶에 유익한 방향으로 다른 사람과 경쟁할 만큼 충분히 강하지 않다고 느끼기 때문이다. 삶에 무익한 방향을 고수하는 이유도 그 때문이다. 이 사람은 타인과 조화를 이루지 못한다. 사회에 적응하지 못하고 사회와 관련된 문제를 해결할 줄도 모른다. 이런 사람의 내면을 들여다보면 대개 어린 시절에 부모님이나 선생님과 심한 갈등을 겪었다는 걸 알 수 있다.

열등 콤플렉스와 우월 콤플렉스가 혼재하고 있는 모습은 신경증 환자에게서도 볼 수 있다. 신경증 환자는 우월 콤플렉스를 자주 드러내지만 자신의 열등 콤플렉스는 보지 못한다. 강박 신경증을 앓고 있는 한 여자아이의 사례가 이 점을 잘 보여 준다. 이 여자아이는 언니와 매우 가깝게 지냈다. 언니는 애교가 많아 주위 사람들로부터 사랑을 한 몸에 받고 있었다. 여기서 언니가 사랑을 독차지했다는 사실은 매우 중요한 의미를 지닌다. 가족 가운데 한 사람이 뛰어나면 나머지 사람들은 그로 인해 고통을 겪게 되기 때문이다.

뛰어난 사람이 아버지나 어머니가 될 수도 있고, 자녀 가운데 한 명이 될 수도 있다. 뛰어난 사람을 제외한 나머지 가족은 곤란한 상황에 처하게 되고 가끔은 참기 힘든 상황도 견뎌야 한다.

뛰어난 자녀를 제외한 다른 자녀들의 상황은 어떨까? 이들은 열등 콤플렉스와 우월 콤플렉스를 모두 가지고 있다. 이들이 자신뿐만 아니라 다른 사람들에게도 관심을 기울인다면 삶의 과제를 충분히 해결할 수 있다.

하지만 열등 콤플렉스가 지나치면 본인이 적국(敵國)에서 살고 있다고 느끼게 된다. 타인보다 자신의 이익을 먼저 챙기게 되어 적절한 수준의 공통 감각(communal sense)을 갖지 못하는 것이다. 따라서 문제 해결에 도움이 되지 않는 감정을 품고 문제에 접근한다. 위안거리를 찾으며 시간을 보내지만 진정한 위안을 얻지는 못한다. 위안을 받은 것처럼 느낄 때가 있지만, 문제가 해결되어서가 아니라 다른 사람으로부터 지지를 얻었기 때문이다. 결국 남의 도움을 받으며 살아가는 걸인처럼 자신의 연약함을 비정상적으로 이용한다. 이때 받는 위안에서 편안함을 느끼는 것이다.

아이든 어른이든 누구나 자신이 약하다고 느낄 때 주위 사람들에 대한 관심을 끊고 우월을 추구하게 된다. 이는 인간 본성과도 같다. 사회적 관심을 배제하고 스스로 우월성을 획득하는 방식으로 문제를 해결하려고 하는 것이다.

우월을 추구하면서 동시에 사회적 관심도 갖고 있다면 이 사람은 삶을 올바른 방향으로 이끌고 선(善)을 이룰 수 있다. 반면, 사회적 관심이 부족한 사람은 삶의 과제를 해결할 준비가 되어 있지 않다. 앞에서도 설명했듯이 이런 부류에는 문제아와 정신 이상자, 범죄자, 자살 기도자 등이 속한다.

앞에서 말한 여자아이는 주위 사람들의 관심을 받지 못하며 자랐고, 자신의 가능성을 제한했다. 주변에 좀 더 관심을 갖고 방금 이 책에 서술된 사실을 이해했더라면 독자적인 인생을 영위해 나갈 수 있었을 것이다. 여자아이는 음악가가 되려고 공부를 시작했지만, 총애를 받는 언니에게 열등 콤플렉스를 느꼈기 때문에 공부에 집중하기 어려웠다. 여자아이가 자라 20세가 되던 해에 언니가 결혼하자 그녀도 언니와 경쟁하기 위해 결혼 상대를 찾았다. 그녀는 이런 식으로 늘 경쟁에 빠져 지내면서 건강하고 의미 있는 삶으로부터 멀어져 갔다. 그리고 급기야 자신이 아주 악한 사람이며 사람들을 지옥에 보낼 수 있는 사악한 마법을 지니고 있다는 생각까지 갖게 되었다.

이 마법은 다름 아닌 우월 콤플렉스다. 당시 그녀는 이 사실에 불만을 품었다. 돈 많은 부자가 부자의 운명을 타고난 일에 불만을 토로하는 것처럼 말이다. 그녀는 자신이 사람들을 지옥에 보낼 만한 신적 능력을 갖고 있다고 믿었다. 뿐만 아니라 지옥에 갈 사람들을 구해야 한다는 신념에 사로잡히기도 했다. 당연히 말도 안 되는 소리다. 하지만 그녀는 이런 허구를 통해 자신이 언니보다 강한 힘을 소유하고 있다고 생각했고, 오직 이 상상 속에서만 언니를 이길 수 있었다.

그렇다면 자신이 이 힘을 가지고 있다는 사실에 불만을 품은 이유는 무엇일까? 불만을 품으면 품을수록 실제로 자기가 힘을 소유한 것처럼 느껴졌기 때문이다. 만약 그녀가 이 힘을 우습게 여겼다면 실제로 아무 효력도 발휘하지 못했을 것이다. 그녀는 불만을 품어야지만 스스로 행복하다고 느낄 수 있게 되었다. 여기서 우리는 우월 콤플렉스가 어떤 식으로 감추어지고, 어떻게 열등 콤플렉스에 대한 보상이 되는지 확인할 수 있다.

3. 비겁한 사람들이 걸리는 '영웅병'

지금부터 살펴볼 언니는 무척 사랑받는 딸이었다. 한때 유일한 자식으로서 응석을 부렸고 가족의 관심도 독차지했다. 하지만 3년 후 동생이 태어나자 상황은 완전히 달라졌다. 늘 홀로 주목받다가 그 자리에서 갑자기 쫓겨나게 된 것이다. 그 결과 언니는 싸우기 좋아하는 성격으로 변해, 자기보다 약한 상대하고만 싸웠다. 이런 아이는 실제로 용감하지 않기 때문에 자신보다 약한 상대만 고른다. 주변에 강한 사람들만 있으면 아이는 싸우는 대신 투정을 부리거나 쉽게 낙심해 버린다. 물론 가족에게도 좋은 아이로 비쳐지지 않는다.

언니는 자신이 예전과 달리 사랑받지 못한다고 느꼈다. 달라진 주변의 태도 때문에 자기 자신을 새롭게 보기 시작했다. 동생을 태어나게 한 어머니를 가장 크게 원망한 나머지 어머니를 직접적으로 공격하는 모습을 보이기도 했다.

동생은 갓난아이기 때문에 가족의 보살핌을 받아야 했다. 아기는 굳이 노력하거나 경쟁하지 않아도 사랑받는 위치를 차지한다. 자라나면서 점점 더 귀엽고 여리고 사랑스러워져 온 가족의 중심이 된다. 아기라는 가장 연약한 존재가 강한 정복자의 모습을 보이기도 하는 것이다!

이제 귀엽고 여리고 사랑스러운 것이 삶에 정말 유익한 것인지 살펴보도록 하자. 아이가 말을 잘 듣고 유순한 이유는 부모가 애지중지하며 키웠기 때문이라고 가정할 수 있다. 하지만 우리 문화에서는 응석받이를 좋은 시선으로 보지 않는다. 아버지가 이런 점을 깨닫고 아이의 양육 방식을 바꾸기도 한다. 학교에서도 아이를 고쳐 보려고 노력한다. 응석받이는 위태로운 입장에 놓이게 되고 결국 열등감을 느낀다. 응석받이 아이는 호의적인 환경에 있으면 열등감을 느끼지 않는다. 하지만 호의적이지 않은 상황에 처하면 급격히 무너진다. 우울해지거나 우월 콤플렉스에 빠진다.

우월 콤플렉스와 열등 콤플렉스는 한 가지 점에서 일치한다. 두 콤플렉스 모두 삶에 유익하지 않다. 우월 콤플렉스를 가진 건방진 아이 가운데 삶의 유익한 편에 서 있는 아이는 절대 없다.

응석받이로 자란 아이가 학교에 입학하면 학교가 자신에게 호의적인 환경이 아니라는 사실을 깨닫는다. 그 순간부터 아이는 머뭇거리며 어느 것 하나 제대로 끝내지 못한다. 앞서 말한 동생도 마찬가지였다. 동생은 바느질도 배우고 피아노도 배웠지만 금세 포기했다. 주변 사람들에 대한 관심마저 잃어 더 이상 외출도 하지 않았고 우울증에 빠졌다. 급기야 자신이 잘난 언니의 그늘에 가려졌다고 생각했다. 이도 저도 못하던 그녀는 결국 몸과 마음이 허약해졌고 인격도 황폐해졌다.

동생은 나이가 들어 직업을 선택할 때도 망설였고, 어느 것 하나 제대로 마무리하지 못했다. 언니와 경쟁하고 싶었는데도, 사랑과 결혼 문제를 두고 머뭇거렸다. 30세가 되었을 무렵에 만난 한 남자는 결핵을 앓고 있었다. 이후의 결과는 불을 보듯 뻔했다. 스스로 연애를 중단할 필요도 없이, 부모님의 강경한 반대에 부딪쳐 중단할 수밖에 없었다. 결혼은 성사되지 않았다. 동생은 일 년이 지난 후에 자기보다 35세나 많은 노인과 결혼했다. 더 이상 남자로 보기 힘든 이 노인과의 결혼은 참으로 쓸데없어 보였다. 자기보다 나이가 훨씬 많은 사람이나 이미 결혼한 사람을 결혼 파트너로 택하는 경우가 있다. 일종의 열등 콤플렉스에서 비롯한 일이다. 반대에 부딪쳤을 때 이 일을 핑계로 비겁해질 가능성은 항상 농후하다. 결국 동생은 결혼으로 우월감을 느끼지 못했기 때문에 다른 방법을 찾았다.

동생은 세상에서 가장 중요한 것은 청결이라고 주장하며 항상 몸을 씻었다. 사람이든 물건이든 몸에 닿기만 하면 씻고 또 씻었다. 결국 그녀는 주변으로부터 완전히 고립되고 말았다. 사실 그녀의 손이야말로 가장 더러웠다. 계속 물로 씻다 보니 피부가 거칠어져 더 많은 먼지가 묻게 되었던 것이다.

이 모든 것이 열등 콤플렉스에서 비롯한 것이다. 하지만 동생은 자신이 세상에서 유일하게 순수한 사람이라고 느꼈고, 잘 씻지 않는다는 이유로 다른 사람들을 비난했다. 그녀는 마치 무언극(pantomime)과 같은 몸짓으로 자신의 역할에 충실했다. 늘 우월한 사람이 되길 원했고 상상 속에서나마 그런 사람이 되었다. 세상에서 가장 깨끗한 사람이 되었던 것이다. 우리는 여기서 열등 콤플렉스가 어떻게 우월 콤플렉스가 되는지 확실하게 확인할 수 있다.

자신이 예수 그리스도나 황제라고 믿는 과대망상증 환자에게도 똑같은 현상이 나타난다. 과대망상증 환자는 자기가 믿는 것이 마치 사실인 양 행동하며 고립된 채 살아간다. 과거를 살펴보면 이 환자 역시 열등감을 느낀 나머지 우월 콤플렉스를 키웠다는 사실을 알게 될 것이다.

어느 15세 남자아이가 '환각(hallucination)' 증세를 보여 정신 병원에 들어왔다. 전쟁이 발발하기 전이었다. 남자아이는 오스트리아 황제가 죽었다고 생각했다. 물론 사실이 아니었다. 아이는 꿈에 황제가 나타나 오스트리아 군대를 이끌고 적과 싸우라고 명령했다고 말했다. 아직 다 자라지도 않은 소년에게 내린 명령이라니! 소년은 오스트리아 황제가 성에 머물고 있다거나 차를 타고 성 밖으로 나갔다는 소식이 담긴 신문을 보고도 믿지 않았다. 오로지 황제는 죽었고 자신의 꿈에 나타났다는 이야기만 되풀이했다.

개인 심리학을 연구하는 사람들은 우월감이나 열등감을 느끼는 것과 잠을 자는 자세 사이에 어떤 관계가 있는지 밝혀 보려고 했다. 심리학에서는 이러한 정보도 유용할 수 있다. 어떤 사람들은 고슴도치처럼 몸을 웅크리고 머리끝까지 이불을 덮는다. 열등 콤플렉스가 있는 경우다. 이런 모습으로 자는 사람을 대담한 사람이라고 생각하기는 어렵다. 팔다리를 큰 대(大) 자로 벌리고 자는 사람도 있는데, 이런 사람은 나약해 보이지 않는다. 자는 모습처럼 매사에 대담한 사람일 것이다. 바닥에 배를 깔고 자는 사람은 고집이 세고 싸우기를 좋아하는 성향이 있다는 사실을 발견했다.

깨어 있을 때 성향과 잠자는 자세의 상관관계를 한 남자아이를 대상으로 실험해 보았다. 아이는 가슴 위로 팔짱을 끼고 잠을 잤다. 마치 그림에 나오는 팔짱 낀 나폴레옹의 모습이었다. 다음 날 아이에게 팔짱을 낀 자세를 보면 떠오르는 사람이 있느냐고 물어보았다. 아이는 학교 선생님이라고 대답했다. 당황스러운 대답이었지만 알고 보니 선생님은 나폴레옹과 많이 닮은 사람이었다. 더군다나 아이는 그 선생님을 매우 좋아해 자신도 학교 선생님이 되고 싶어 했다. 하지만 집안 형편이 어려워 학업을 중단하고 식당에 들어가 일을 해야만 했다. 아이는 식당 손님들에게 몸집이 작다고 놀림을 받았다. 수치심을 느낀 그는 견디지 못하고 불행히 무익한 삶으로 도피하고 말았다.

이제 이 남자아이에게 벌어진 일들을 이해할 수 있을 것이다. 그는 몸집이 작다는 이유로 식당 손님에게 놀림을 받았고, 이 때문에 열등 콤플렉스가 시작되었다. 그래도 그는 끊임없이 우월을 추구했다. 학교 선생님이 되길 원했지만 형편상 목표를 이루기 어려워졌다. 그래서 무익한 방향으로 우월해지려고 했다. 꿈속에서나마 우월한 사람으로 살고 싶었던 것이다.

이렇듯 <u>우월해지고자 하는 목표는 삶의 무익한 편에도 존재하고 유익한 편에도 존재한다.</u> 예컨대 어떤 사람이 자비롭다면 두 가지 가운데 하나일 것이다. 하나는 사회에 잘 적응해 남을 도와주려 하는 경우고, 다른 하나는 단순히 남들에게 뽐내려는 경우다. 심리 상담자들은 대개 후자의 경우를 많이 본다.

학교에서 성취도가 크게 떨어지는 한 남학생이 있었다. 무단결석을 하고 남의 물건을 훔치기도 했다. 또한 항상 허풍을 떨었다. 열등 콤플렉스 때문이다. 싸구려 허영심이라도 괜찮으니 무언가 성취해 보고 싶었던 것이다. 그는 훔친 돈으로 매춘부들에게 꽃이나 다른 선물들을 안겨 주었다. 어느 날은 작은 마을에 차를 몰고 가서 말 여섯 마리가 끄는 마차를 빌려 타고 이리저리 돌아다니다가 결국 경찰에 체포되었다. 그는 이러한 행동을 통해 자신이 남들보다 뛰어나고, 보이는 모습보다 더 대단하다는 것을 알리려고 했다.

범죄자들의 행동에도 쉽게 성공하려는 경향이 나타난다. 언젠가 뉴욕의 여러 신문에서 한 강도가 벌인 사건을 보도한 적이 있다. 강도는 학교 교사들의 집에 무단 침입해 그들과 대화를 나누었다. 여교사들에게 "당신들은 교사라는 직업에 얼마나 문제가 많은지 모른다."라고 말하고, 일하는 것보다 강도질이 훨씬 더 쉽다고 덧붙였다.

이를 볼 때 그는 삶의 무익한 편으로 도피했다. 무익한 길을 택했기 때문에 우월 콤플렉스를 갖게 된 것이다. 그는 무기를 가지고 있었기 때문에 아무것도 없는 여교사들보다 강하다고 생각했다. 강도는 자신이 비겁하다는 사실을 알고 있었을까? 그는 비겁하다. 열등 콤플렉스를 피해 삶의 무익한 편으로 도피했기 때문이다. 하지만 강도는 자신이 겁쟁이가 아닌 영웅이라고 생각했다.

어떤 사람들은 자살을 시도해 문제투성이인 세상을 떨쳐 버리려고 한다. 생명을 돌보지 않는 행위를 통해 스스로 우월감을 느끼려는 것 같다. 하지만 이들은 실제로는 비겁한 사람들이다. 여기서 우월 콤플렉스가 열등 콤플렉스의 다음 단계라는 것을 알 수 있다. 우월 콤플렉스는 열등 콤플렉스에 대한 보상이다. 심리학자들은 항상 두 콤플렉스의 유기적 관계를 찾아내려고 노력해야 한다. 모순처럼 들리겠지만 이 두 콤플렉스 사이의 관계는 명백히 인간 본성에 속한다. 이 관계를 찾아내기만 한다면 열등 콤플렉스와 우월 콤플렉스를 모두 치료할 수 있다.

4. 열등감은 병이 아니다

열등 콤플렉스와 우월 콤플렉스에 대한 이야기를 마무리하기에 앞서 이 콤플렉스가 정상적인 사람들과 어떤 관련이 있는지 살펴보기로 하자. 앞서 말했듯이 인간은 모두 열등감을 가지고 있지만 열등감은 병이 아니다. 오히려 건강하고 정상적인 노력과 발전에 자극제가 될 수 있다. 하지만 열등감이 병적인 방향으로 발전하면 열등의식을 지나치게 느껴 절망감에 빠지고 만다. 이렇게 되면 아무런 발전도 이룰 수 없다. 이때 우월 콤플렉스를 갖는 것이 열등 콤플렉스를 회피하는 방법이 될 수 있다. 자신이 우월하지 않은데도 우월하다고 주장하는 것은 열등한 상태에 대한 보상이다.

반면, 정상적인 사람은 우월 콤플렉스가 없으며 우월감조차 느끼지 않는다. 그저 앞으로 우월한 사람이 되려고 노력할 뿐이다. 이러한 노력은 삶을 성공적으로 영위하려는 꿈이 있다는 전제 아래 이루어진다. 이 노력이 그릇된 가치를 추구하는 방향으로 나아가지만 않으면 정신병으로 이어지지 않는다.

📖 KEY POINT 우월 콤플렉스

• 우월 콤플렉스는 지극히 사적인 논리다. 우월 콤플렉스는 용기가 없는 사람에게서 나타난다.

• 우월 콤플렉스는 실제보다 자신이 우월하다고 생각하는 것이다. 이 생각의 이면에는 열등 콤플렉스가 자리하고 있다.

PART 4

인생의 미스터리를 풀다

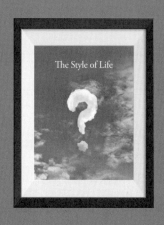

The Style of Life

생활 양식

Every human being has an individual style of life.
모든 사람이 저마다 다른 생활 양식을 가지고 있다.

1. '생활 양식'은 삶의 개성 있는 표지(標識)다

같은 품종인데도 계곡에서 자라는 소나무와 산꼭대기에서 자라는 소나무는 모습이 확연히 다르다. 생활 양식이 서로 다르기 때문이다. 이때 특정 나무가 지닌 생활 양식이란 환경 안에서 그 나무가 스스로를 표현하고 형성하는 방식, 즉 개성을 말한다. 나무가 익숙한 환경이 아닌 새로운 환경에 처할 때 우리는 그 나무가 지니고 있던 생활 양식을 쉽게 파악할 수 있다. 모든 나무는 각각의 생활 양식을 지니고 있기 때문에 환경에 기계적으로만 반응하지 않는다.

인간도 마찬가지다. 인간의 생활 양식은 환경이라는 조건에서 드러난다. 인간의 마음은 환경에 따라 변한다. 따라서 심리학자는 기존 환경과 생활 양식의 관계를 정확히 분석해 내야 한다. 인간의 생활 양식은 익숙한 상황에 있으면 분명하게 드러나지 않는다. 그러나 인간이 새로운 상황에 처하면, 즉 호의적이지 않거나 어려운 상황에 직면하면 생활 양식은 누구나 알아볼 수 있을 정도로 뚜렷하게 드러난다. 숙련된 심리학자들은 호의적인 환경에서 사는 사람의 생활 양식도 파악해 낼 수 있다.

삶은 단순한 놀이가 아니다. 따라서 인간은 살아가면서 늘 어려운 상황에 직면한다. 심리학자들은 환자가 어려움에 직면하는 순간 그에게서 나타나는 눈에 띄는 동작이나 특징 들을 발견해야 한다. 앞서 이야기했듯 생활 양식은 하나의 통합체다. 어린 시절에 겪었던 어려움들과 하나의 목표를 향한 노력에서 비롯하기 때문이다.

하지만 심리학자들은 개인의 과거보다 미래에 더 많은 관심을 둔다. 한 인간의 미래를 예측하기 위해서는 그의 생활 양식을 이해해야 한다. 이때 인간의 본능과 자극, 충동 등을 이해한다 하더라도 앞으로 벌어질 일들은 쉽게 예상할 수 없다. 일부 심리학자들은 실제로 본능이나 느낌, 트라우마(trauma, 외상성 신경증 — 역주)에 주목해 결론을 이끌어 내려고 한다. 하지만 좀 더 면밀히 살펴보면, 이 모든 요소가 일관된 생활 양식을 전제하고 있다는 사실을 알 수 있다. 어떤 자극이든 간에 그 자극은 생활 양식에 영향을 받고 영향을 끼칠 수밖에 없다.

'생활 양식'이라는 개념은 앞 장에서 논의한 콤플렉스와 어떻게 연결될까? 앞에서 신체 기관이 약한 사람들은 어려움을 겪게 되고 마음이 불안해 열등감이나 열등 콤플렉스로 힘들어한다고 설명했다. 인간은 열등감이나 열등 콤플렉스를 오랫동안 견뎌 내지 못한다. 따라서 열등감에 자극을 받아 움직이게 되고, 결국에는 어떤 목표를 갖는다. 개인 심리학에서는 이렇듯 목표를 향해 움직이는 것을 '삶의 계획(plan of life)'이라고 일컬었다. 하지만 이 명칭이 간혹 오해를 불러일으키는 경우가 있어

지금은 '생활 양식(style of life)'이라고 부른다.

인간은 각자의 생활 양식을 가지고 있다. 따라서 심리학자는 오고 가는 질문과 대답의 내용을 바탕으로 한 인간의 미래를 예측해 볼 수 있다. 마치 모든 미스터리가 풀리는 연극의 5막을 보는 것과 같다. 삶의 과정에 있는 국면들이나, 삶에서 마주치는 문제들을 알고 있으면 장래를 내다볼 수 있다.

다른 사람들을 멀리하거나 그들에게 도움을 기대하거나 응석을 부리거나 어떤 일에 접근할 때 망설이는 아이가 있다고 하자. 심리학자는 몇 가지 사실에 대한 경험과 지식을 바탕으로 이 아이에게 앞으로 일어날 일에 대해 말해 줄 수 있다.

타인에게 도움을 구하는 것을 삶의 목표로 정한 사람에게는 어떤 일이 벌어질까? 이 사람은 매번 망설이다가 삶의 과제를 해결하기를 멈추거나 회피할 것이다. 심리학자는 이와 같은 일을 수천 번 보아 왔다. 따라서 이 사람이 어떤 식으로 망설이다가 멈추거나 회피하는지 알고 있다. 이 사람은 혼자 힘으로 살아가기보다 응석받이가 되길 바란다. 삶의 중대한 문제들에서 벗어나 있기를 바라며, 유익한 일에 대해 고심하는 것보다 무익한 일에 몰두하기를 좋아한다. 주변에 대한 사회적 관심이 부족해 결국에는 문제아나 신경증 환자, 범죄자나 자살 기도자로 발전하기도 한다. 독자는 이미 이 모든 사실에 대해 예전보다 더 잘 알고 있을 것이다.

한 인간의 생활 양식을 조사할 때 정상인의 생활 양식을 측정 근거로 이용할 수 있다. 심리학자는 사회적으로 잘 적응한 사람을 기준으로 삼아 이 기준으로부터 환자가 얼마나 벗어나 있는지 조사하면 된다.

2. 누가 정상인인가?

이 시점에서 심리학자가 정상인의 생활 양식을 어떻게 결정하는지 보여 주는 게 도움이 될 것이다. 또한 그가 이를 바탕으로 잘못된 점이나 이상한 점을 어떻게 발견하는지도 서술하겠다. 이 문제를 논의하기 전에 이와 같은 연구에서는 인간의 '유형'은 고려하지 않는다는 점을 먼저 밝힌다. 개인 심리학을 연구하는 사람들은 인간의 유형을 고려하지 않는다. 모든 사람이 저마다 다른 생활 양식을 가지고 있기 때문이다. 한 나무에서 완벽하게 똑같은 나뭇잎을 볼 수 없듯이 인간도 완벽하게 똑같은 사람은 없다. 자연은 무한해서 자극과 본능과 실수의 가짓수가 셀 수 없이 많다. 따라서 두 사람이 정확하게 똑같을 가능성은 절대 있을 수 없다. 유형은 단지 비슷한 사람들을 좀 더 쉽게 이해하기 위해 만들어 놓은 지적(知的) 장치에 불과하다.

어떤 지적인 분류를 하나의 유형으로 상정하고 유형의 특징을 연구한다면 분석과 판단을 더 잘할지도 모른다. 그렇다고 해서 늘 같은 분류법을 사용해서는 안 된다. 그때마다 특별히 비슷한 점을 끌어내는 데 가장 유용한 분류법을 사용해야 한다. 유형과 분류를 너무 진지하게 받아들이는 사람들은 한 사람을 어떤 칸에 넣으면 다른 칸에는 넣을 수 없다고 생각한다.

예를 들면 설명이 좀 더 명확해질 것이다. 가령 '사회적으로 적응하지 못한 개인'이라는 유형을 말할 때는 사회적 관심이 전혀 없고 황폐한 삶을 사는 사람에 대해 논한다. 이는 개인들을 분류하는 하나의 방법이자 가장 중요한 방법일 것이다. 하지만 보는 것에 관심이 많은 사람의 경우를 생각해 보자. 이런 사람은 말하는 것에 관심이 많은 사람과는 전혀 다르다. 그런데 둘 다 사회적으로 적응하지 못해 동료들과 관계를 제대로 맺지 못하는 사람으로 분류된다. 따라서 유형에 따른 분류가 편의상 만들어 낸 추상적 개념이라는 사실을 깨달아야 한다. 그렇지 않으면 혼란을 불러올 수도 있다.

이제 정상적인 사람이 누구인지 살펴보자. 정상적인 사람은 정상이 아닌 것이 무엇인지 판단할 때 기준이 된다. 정상적인 사람은 사회 안에서 사람들과 어울려 산다. 또한 그의 생활 양식은 사회에 잘 맞기 때문에 그가 원하든 그렇지 않든 사회는 그에게서 어떤 이익을 얻는다. 심리학적인 면에서 볼 때도 정상적인 사람은 삶의 과제나 어려움에 맞설 수 있는 충분한 힘과 용기를 가지고 있다.

반면, 정신 질환을 앓고 있는 환자는 이 두 가지 특징이 모두 나타나지 않는다. 이들은 사회적으로 적응되어 있지도 않고, 심리적으로도 일상의 과업에 적응하지 못한다. 이를 잘 보여 주는 사례가 하나 있다. 한 30세인 남성은 문제를 해결할 때 늘 마지막 순간을 회피했다. 또한 늘 친구를 의심해서 깊은 우정을 쌓을 수 없었다. 친구 관계에서 한쪽이 불안감을 느끼면 우정은 절대 깊어질 수 없다. 남자가 많은 사람과 이야기를 하면서도 진정한 친구는 한 명도 없는 까닭이 여기에 있다. 친구를 사귈 만큼 사회에 충분히 관심이 있거나 적응이 된 상태도 아니었다. 사실 그는 사람들을 별로 좋아하지 않았고 모임에서도 늘 침묵을 지켰다. 사람들과 있으면 아무 생각도 떠오르지 않고 할 말도 없다고 했다.

더군다나 남자는 수줍음을 많이 타서 말을 하다가 얼굴을 붉히곤 했다. 수줍음을 극복한다면 말을 더 잘할 것이다. 남자에게 필요한 것은 비난이 아니라 도움이다. 말을 잘할 수 있도록 도움을 주어야 한다. 붉어진 얼굴은 다른 사람들의 눈에 좋거나 사랑스럽게 비치지는 않았다. 남자도 이 사실을 잘 알고 있었기 때문에 사람들 앞에서 말하는 걸 더 꺼렸다. 또한 이와 같은 생활 양식 때문에 다른 사람들에게 접근할 때 자신의 모습에 지나치게 신경을 많이 쓰는 것 같아 보였다.

사회생활이나 친구와 어울리는 문제 다음으로 일 문제가 있다. 남자는 직장에서 실패할까 봐 겁을 먹고 있었고, 그래서 밤낮으로 공부했다. 하지만 과로에다 지나친 긴장 탓에 오히려 직장에서 일을 제대로 해 나가지 못했다.

환자가 인간관계와 일에 접근하는 모습을 보면 항상 극도로 긴장하고 있다는 걸 알 수 있다. 이것은 환자의 열등감이 크다는 사실을 의미한다. 남자는 자신을 과소평가하고 있었고, 사람들이나 새로운 상황이 자신에게 호의적이지 않을 것이라 생각하면서 마치 적국에 갇혀 지내는 사람처럼 행동했다.

이제 남자의 생활 양식을 그려 볼 자료가 충분히 확보되었다. 남자는 잘해 보길 원했지만 실패가 두려워 스스로를 단절시켰다. 마치 깊은 구렁텅이 앞에 서 있는 사람처럼 큰 부담을 느끼고 늘 긴장감에 시달렸다. 간신히 앞으로 나아갈 때는 어떤 조건이 따르는 경우였다. 그래서 그는 집에 있는 것을 더 좋아했고 사람들과 좀처럼 어울리지 않았다.

남자가 마주한 세 번째 문제는 사랑이었다. 사람들은 대부분 이 문제에 대해 잘 대비해 놓지 않는다. 그는 좋아하는 이성에게 다가가기를 망설였다. 자신이 누군가를 사랑하고 결혼하길 원한다는 것을 알았지만 심한 열등감 때문에 사랑이나 결혼은 생각만 해도 두려웠다. 자신이 원하는 바를 이룰 수 없어서 모든 행동과 태도를 '네……. 하지만!'으로 요약해 버렸다. 남자는 한 여자를 사랑하면서 동시에 다른 여자에게도 눈을 돌렸다. 물론 신경증 환자에게서 자주 볼 수 있는 모습이다. 어떤 의미에서는 한 명보다 두 명이 덜 부담스럽기 때문이다. 이와 같은 사실은 때로 일부다처를 추구하는 경향을 설명해 주기도 한다.

이제 남자에게 이러한 생활 양식이 생기게 된 원인을 알아보자. 개인 심리학은 생활 양식의 원인을 분석하는 일을 수행한다. 이 남자만의 생활 양식이 형성된 시기는 4~5세 무렵이었다. 당시 이와 같은 생활 양식이 형성될 수밖에 없는 비극적인 사건이 일어났던 것이다. 여기서 그 비극을 찾아내야 한다. 그 무렵 남자에게 일어난 어떤 사건 때문에 그는 다른 사람에 대한 정상적인 관심을 잃었다. 그 이후 남자는 삶은 그저 어려운 것이므로 힘든 상황을 마주하느니 차라리 피하는 것이 낫다는 인상을 갖게 되었다. 결국 늘 조심하고 망설이고 회피할 궁리만 하는 사람이 되어 버렸다.

우리는 이 사람이 형제 가운데 첫째였다는 사실에 주목해야 한다. 첫째라는 위치가 얼마나 큰 의미를 지니는가에 관해서는 앞에서 이야기했다. 첫째 아이는 태어나서 몇 년 동안 집중적으로 관심을 받는 자리에 있다가 둘째가 태어나면 그 영광을 물려주어야 한다. 앞서 이것이 얼마나 큰 문제인지도 말했다. 수줍음이 많아 사람들 앞에 서는 걸 두려워하는 사람들 중에도 어릴 때 다른 형제가 사랑을 더 많이 받은 경우가 있다. 이러한 경우도 어디에 문제가 생겼는지 쉽게 찾아낼 수 있다.

대부분의 문제는 환자에게 '집안에서 첫째입니까? 둘째입니까? 아니면 막내입니까?'라는 질문만 던져도 쉽게 파악할 수 있다. 그것만으로도 웬만한 정보는 다 얻어 낼 수 있다. 또 다른 방법도 있다. '어린 시절의 기억'을 물어보는 것이다. 이 방법에 대해서는 다음 장에서 좀 더 자세하게 다룰 예정이다. 어린 시절의 기억을 묻는 방법이 가치 있는 이유는 그 시절의 기억이 '원형'이라 부르는 초기 생활 양식의 일부분이기 때문이다. 어떤 사람이 어린 시절의 기억을 이야기하면 그 사람이 지닌 원형의 일부를 알 수 있다.

모든 사람은 어린 시절을 되돌아보면서 각자에게 중요한 기억을 떠올린다. 이때 기억 속에 남아 있는 사실은 항상 중요하다. 이와 정반대의 가설을 주장하는 심리학 학파도 있다. 이 학파는 망각된 기억이 가장 중요하다고 믿는다. 하지만 실제로 두 주장 사이에는 큰 차이가 없다. 누군가 자신의 의식적인 기억을 이야기할 수는 있지만, 그 기억이 어떤 의미를 지니는지는 자신조차 알지 못한다. 기억과 자신의 행동 사이의 상관관계를 알지 못하는 것이다. 따라서 의식적인 기억의 숨은 뜻을 강조하든 망각된 기억의 중요성을 강조하든 결과는 늘 똑같다.

3. 기억 속에서 생활 양식을 발견하다

어린 시절의 기억 몇 가지만으로도 많은 내용을 알 수 있다. 가령 한 남자가 어렸을 때 어머니가 자신과 남동생을 시장에 데려간 이야기를 했다고 하자. 이때 우리는 그걸로 충분히 남자의 생활 양식을 발견할 수 있다. 남자는 자기 자신과 남동생을 언급했다. 그러니 남동생을 갖게 된 것이 중요한 사실이다. 좀 더 이야기를 끌어내면, 그날 비가 내리기 시작했다고 회고할 것이다. 전에는 비가 오면 어머니가 늘 자신을 안아 주었는데 동생이 생긴 후로는 동생만 안아 주었다는 내용을 통해서도 남자의 생활 양식을 짐작해 볼 수 있다. 나보다 다른 사람이 더 사랑을 받는다는 생각에 빠져 있는 것이다.

이를 통해 남자가 사람들과 함께 있을 때 말이 왜 서툰지도 알 수 있다. 혹시 자신보다 더 많이 사랑받는 사람은 없는지 늘 살피고 있기 때문이다. 친구와의 우정도 마찬가지다. 친구가 본인보다 더 좋아하는 사람이 있을 것이라 생각한다. 남자는 끊임없이 친구를 의심하다가 결국 우정을 깨뜨릴 만한 사소한 것들을 찾아낸다. 결국 진정한 친구를 사귀기가 어려워진다.

남자가 경험한 비극이 어떻게 사회적 관심의 발전을 가로막았는지도 알 수 있다. 그는 어머니가 동생을 안고 있는 장면을 기억하며 동생이 자신보다 어머니에게 더 많은 관심을 받고 있다고 느낀다. 그리고 동생이 더 많은 사랑을 차지하고 있다고 생각하면서 이를 뒷받침할 만한 근거들을 끊임없이 찾아낸다. 그는 항상 자신이 전적으로 옳다고 믿으면서 늘 긴장 속에서 살아간다. 때로 다른 누군가가 사랑을 받는 것처럼 보이면 자신도 그 사랑을 얻어 내느라 힘겨워한다.

의심이 많은 사람이 선택하는 유일한 해결책은 철저한 '고립'이다. 다른 사람들과 경쟁을 하지 않아도 되기 때문이다. 말하자면 이 세상에서 유일한 존재가 되는 것이다. 간혹 이런 아이들은 다음과 같은 상상을 펼치기도 한다. 세계가 모두 무너지고 홀로 살아남는 것이다. 그렇게 되면 본인 외에 아무도 사랑받는 이가 없게 된다. 이런 사람은 살아남기 위해 모든 가능성을 헤아려 본다. 하지만 논리나 상식, 진리를 따르는 것이 아니라 의심, 즉 지극히 사적인 논리를 따라간다. 그는 제한된 세계 안에 머무르면서 도피할 생각만 하고 있다. 사람들과 아무런 관계도 맺지 않으며 그들에게 관심조차 보이지 않는다. 하지만 이런 사람은 정상적인 상태가 아니므로 비난은 금물이다.

4. 심리학자의 임무는 삶의 목표를 바꿔 주는 것

심리학자의 임무가 바로 이런 사람들이 사회에 잘 적응하도록 돕는 것이다. 그렇다면 무엇을 하면 될까? 이와 같은 사람들을 대할 때 가장 힘든 점은 그들이 지나치게 긴장한 상태로 자신만의 확고한 생각을 뒷받침할 근거들을 늘 찾아 헤맨다는 사실이다. 그래서 내면으로 파고들어가 선입견을 해체하지 않으면 그들의 생각을 바꾸는 일은 불가능하다. 이를 수행하기 위해서는 기술과 요령이 필요하다. 먼저 조언자가 환자에게 지나치게 밀착하거나 관심을 보이지 않는 것이 좋다. 조언자가 과도하게 사례에 관심을 갖게 되면 환자보다 자신의 관심사에 따라 행동할 수 있기 때문이다. 이 경우에 환자는 이를 귀신같이 알아채고 조언자를 의심한다.

중요한 것은 환자의 열등감을 줄여 주는 일이다. 여기서 줄여 준다는 말을 쓰는 이유는 열등감은 완전히 없앨 수 없을 뿐만 아니라 약간의 열등감은 무언가를 세우는 데 유용한 토대가 될 수 있기 때문이다. 우리가 해야 할 일은 환자의 삶의 목표를 바꿔 주는 것이다. 환자는 다른 사람이 더 사랑받는다는 이유로 회피를 삶의 목표로 설정했다. 심리학자는 바로 이러한 환자의 생각들을 다루어야 한다.

자신을 과소평가하고 있다는 사실을 알려 주어 환자의 열등감을 줄여야 한다. 또한 행동에서 나타나는 문제점들을 말해 주어야 한다. 환자가 절망의 구렁텅이 앞에 서 있고 적국에서 위험하게 지내는 사람처럼 지나치게 긴장한 상태라는 사실을 알려 주어야 하는 것이다. 그리고 다른 사람들이 더 사랑받는 것에 대한 두려움 때문에 환자가 자신의 일에 최선을 다하지 못하거나 자연스럽게 행동하지 못하고 있다는 사실을 객관적으로 설명해 주어야 한다.

만약 이 사람이 모임에서 우두머리 노릇을 하면서 친구들과 함께 어울리고 그들에게 관심을 기울인다면 증세가 크게 개선될 것이다. 하지만 그렇다고 해서 이 사람이 일상적인 사회생활 안에서 스스로 즐기거나 평소와 다른 생각을 하는 건 아니다. 결국 그는 이렇게 말한다. "어리석은 것들. 저 사람들은 날 즐겁게 해 주지도 못하고 내 관심을 끌지도 못해."

이런 사람의 문제는 지극히 사적인 논리를 내세운다는 것이다. 상식적으로 생각하지 않기 때문에 자신이 처한 상황을 제대로 이해하지 못한다. 사람들을 늘 원수로 만들고 외로운 늑대처럼 살아간다. 인간에게 이러한 삶은 비정상적인 비극에 지나지 않는다.

다른 사례를 보자. 이번에는 우울증으로 고생하는 한 남자의 경우다. 우울증은 많은 사람이 걸리는 질병이지만 치료가 불가능한 건 아니다. 이런 사람들은 어린 시절부터 눈에 띄는데, 실제로 많은 아이가 새로운 상황에 처하면 우울증 증세를 보인다. 여기서 예로 든 남자는 우울증을 열 차례 정도 겪었다. 남자의 우울증은 새로운 환경에 처할 때마다 도졌다. 기존 환경에 머물러 있을 때는 정상에 가까웠다. 하지만 모임에 나가기를 꺼렸고 다른 사람들을 늘 지배하고 싶어 했다. 친구도 없었고, 50세가 될 때까지 결혼도 못했다.

이 남자의 생활 양식을 조사하려면 어린 시절을 살펴보아야 한다. 그는 어렸을 때 매우 예민했고 걸핏하면 싸움을 하려고 했다. 자기가 겪는 고통이나 자신의 연약함을 강조하며 늘 형과 누나를 지배하려 들었다. 하루는 긴 의자 위에서 놀다가 형과 누나를 의자 밖으로 쳐서 밀어냈다. 이 광경을 본 이모가 다가와 꾸짖자 그는 이렇게 말했다. "이모가 혼내서 내 인생이 완전히 망가졌어!" 이 일은 그의 나이가 불과 4~5세에 지나지 않았을 때 일어난 일이다.

이것이 남자의 생활 양식이었다. 남을 지배하려 들고 자신의 연약함과 고통을 호소하는 것. 이 생활 양식이 훗날 우울증을 야기한 것이다. 우울증은 쇠약함의 또 다른 표현이다. 우울증을 겪는 환자들은 대체로 이렇게 말한다. "내 인생은 완전히 망가졌어. 난 모든 걸 잃어버렸다고." 남자는 어린 시절에 응석받이로 자랐지만 커서는 더 이상 응석을 부리지 못할 때가 많았다. 이러한 사실도 그의 생활 양식에 영향을 끼쳤다.

인간을 관찰하다 보면, 주어진 환경에 반응하는 모습에서 다른 동물들과 비슷한 점을 꽤 많이 발견하게 된다. 같은 환경에서도 토끼는 늑대나 호랑이와는 전혀 다른 반응을 보인다. 사람들도 마찬가지다. 한번은 서로 다른 유형의 남자아이 세 명을 사자 우리로 데리고 갔다. 아이들이 무서운 동물을 난생 처음 보고 어떤 반응을 보이는지 관찰하기 위해서다.

첫 번째 아이는 돌아서며 "나 집에 갈래."라고 말했다. 두 번째 아이는 "와, 멋지다!"라고 말하며 용감하게 보이고 싶어 했다. 하지만 사실 겁이 많아서 온몸을 떨고 있었다. 세 번째 아이는 "사자한테 침을 뱉어도 돼요?"라고 말했다. 각기 다른 형태로 나타난 이 같은 반응들은 아이들이 동일한 상황을 다른 방식으로 경험했다는 것을 보여 준다. 또한 이 관찰을 통해 대부분의 인간은 두려워하는 성향을 가지고 있다는 사실도 확인했다.

위 경우에서 관찰되는 소심함이 사회에 적응하는 데 가장 큰 걸림돌이다. 좋은 집안에서 태어난 어떤 사람은 스스로 어떤 일을 하는 법이 없었고 늘 도움받는 걸 좋아했다. 누가 보아도 약해 보였고, 사회에 나가서도 일자리 하나 제대로 구하지 못했다. 뜻하지 않게 집안 사정이 나빠지자 형제들이 그를 비난하기 시작했다. "얼마나 못났으면 일자리 하나 못 구하냐. 할 줄 아는 게 아무것도 없구나."

그때부터 이 남자는 술을 마시기 시작했다. 몇 달 후 그는 알코올 의존자가 되었고 2년 동안 정신 병원 신세를 져야 했다. 정신 병원이 그에게 도움이 되기는 했지만 영원히 그를 돕지는 못했다. 아무 준비가 되어 있지 않은 상태로 사회에 발을 내디뎌야 했기 때문이다. 유명한 가문의 귀한 자식이었지만 막노동 외에는 할 수 있는 일이 없었다. 환각 증세가 나타난 건 이때였다.

그는 누군가 나타나 자신의 일을 방해한다고 여겼다. 남자는 처음에는 술을 많이 마셔서, 나중에는 환각 증세 때문에 일을 할 수가 없었다. 그를 처음 만났을 때 그저 술을 마시지 못하게 하는 것은 이 주정뱅이에게 옳은 치료법이 아니라는 생각이 들었다. 무엇보다 먼저 잘못된 생활 양식을 찾아내 바로잡아야만 했다.

상담한 결과 남자는 어린 시절에 응석받이로 자라 늘 도움을 받는 상황에 익숙해 있었다. 홀로 일할 준비가 되어 있지 않았기 때문에 위와 같은 결과들이 나타났던 것이다. 우리는 모든 아이가 독립적인 존재가 되도록 가르치고 돌보아야 한다. 아이들은 스스로의 생활 양식에서 어떤 점이 잘못되었는지 이해할 때 비로소 독립적인 사람이 될 수 있다. 이 아이는 스스로 무언가를 해내기 위해 자신을 훈련할 것이고, 그 과정에서 혹 실수를 하더라도 형제들 앞에서 부끄러워하지 않을 것이다.

🎪 KEY POINT 생활 양식

- 사람은 어린 시절에 삶의 목표를 갖게 되는데, 그 목표가 바로 '생활 양식'이다.
- 올바른 생활 양식을 갖고 있는 사람은 사람들과 잘 어울리고 문제에 직면할 힘과 용기를 지닌다.
- 잘못된 생활 양식을 갖고 있는 사람은 인간관계나 일, 사랑 등의 문제에 잘 대처하지 못한다.
- 심리학자의 임무는 잘못된 생활 양식을 갖고 있는 사람들이 사회에 잘 적응하도록 돕는 것이다. 이를 위해 그들의 생각, 즉 삶의 목표를 바로잡아야 한다.

PART 5
뇌리 속 그때 그 장면

어린 시절의 기억

The old remembrances seem to be quite innocuous, but they repay analysis.
어린 시절의 기억은 아무 문제가 없어 보여도, 많은 사실을 말해 준다.

1. 어린 시절의 기억으로 '원형'을 밝혀내다

앞 장에서 개인의 생활 양식이 얼마나 중요한지 살펴보았다. 이제 '어린 시절의 기억'이라는 주제에 관해 이야기해 보자. 어린 시절의 기억은 한 사람의 생활 양식을 알아내기 위한 중요한 수단이다. 어릴 적 기억을 되돌아보는 것은 생활 양식의 핵심인 '원형'을 밝히는 데 가장 수월한 방식이다.

아이든 어른이든 한 사람의 생활 양식을 알아내려면, 그의 불만 사항을 들어준 후 어린 시절의 기억을 물어보면 된다. 다음 단계는 이 기억과 그가 말한 다른 사실들을 서로 비교하는 것이다. 대부분의 경우 생활 양식은 나이가 들어도 변하지 않는다. 어릴 때나 성인이 되어서나 같은 인격을 가진 동일한 사람이기 때문이다. 앞서 말했듯이 생활 양식은 우월을 추구하는 과정에서 형성된다. 어떤 사람의 말과 행동, 감정 등은 '추구하는 방향(action line)'과 유기적으로 연결되어 있다. 때로는 이 방향이 분명히 드러나는 경우가 있는데, 어린 시절의 기억을 떠올릴 때 특히 그렇다.

어린 시절의 기억과 최근 기억을 칼로 무 자르듯 구분해서는 안 된다. 최근 기억 속에도 '추구하는 방향'이 포함되어 있기 때문이다. 하지만 어린 시절의 기억을 알면 그 사람이 '추구하는 방향'을 더 쉽고 분명하게 알 수 있다. 이 과정에서 한 사람의 생활 양식은 여간해서는 잘 바뀌지 않는 것이 밝혀진다. 4~5세에 형성된 생활 양식에서 과거의 기억과 현재의 행동 사이의 상관관계를 파악할 수 있다. 이런 관찰을 많이 하다 보면 어린 시절의 기억을 통해 환자의 원형을 발견할 수 있다는 이론에 확신을 가지게 된다.

환자가 과거를 되돌아볼 때, 기억 속에 남아 있는 것이 있다. 그 기억이 무엇이든 환자가 정서적으로 관심을 두었던 중요한 것이다. 따라서 환자의 특징을 알아내는 중요한 단서가 될 수 있다. 물론 생활 양식이나 원형을 알아내는 데 망각된 경험도 중요하다는 사실을 부인할 수 없다. 하지만 대부분의 경우 망각된 경험, 이른바 '무의식적인 기억(unconscious remembrances)'을 찾아내는 일은 더 어렵다.

의식적인 기억과 무의식적인 기억은 둘 다 우월을 추구한다는 공통의 목표를 갖는다. 또한 둘 다 원형의 일부를 이루기 때문에 가능하면 의식적인 기억과 무의식적인 기억을 모두 발견하는 게 좋다. 두 기억 모두 결국 똑같이 중요하다. 하지만 보통 본인은 그 기억이 어떤 의미를 갖는지 알지 못한다. 이 기억들을 이해하고 해석하는 사람은 본인이 아닌 외부인이다.

의식적인 기억부터 살펴보도록 하자. 어떤 사람들은 어린 시절의 기억을 떠올려 보라고 하면 "아무 것도 떠오르지 않아요."라고 말한다. 이런 사람들에게는 좀 더 집중해서 기억을 떠올려 보라고 독려해야 한다. 조금만 노력하면 곧 무언가를 기억해 낼 것이기 때문이다. 만일 망설인다면 어린 시절을 돌아보고 싶어 하지 않는다는 신호일 수도 있다. 이를 통해 어린 시절이 그다지 유쾌하지 않았을 것이라고 추측해 볼 수 있다. 우리는 이런 사람들을 특별히 잘 이끌어야 한다. 우리가 원하는 바를 찾기 위해 암시를 주어야 할 때도 있다. 그러면 그들은 마침내 무언가를 기억해 낸다.

어떤 이들은 자기가 태어난 첫해를 기억할 수 있다고 주장하지만, 그것은 거의 불가능에 가깝다. 진짜 기억이 아닌 상상 속의 기억일 수도 있다. 하지만 상상이든 진짜든 중요하지 않다. 기억이 그 사람의 일부를 이루고 있다는 사실 자체가 중요하다.

어떤 사람들은 자신의 기억이 정말 자신의 기억인지 아니면 부모님이 들려준 이야기인지 헷갈려 한다. 이 역시 중요하지 않다. 부모님이 들려준 이야기라고 하더라도 마음속에 남아 있다면 그 사람의 관심사가 어떤지 알 수 있기 때문이다.

2. 유형별로 분류한 어린 시절의 기억들

4장에서도 설명했듯이 목적에 맞게 개인들을 유형별로 분류하면 편리할 때가 있다. 어린 시절의 기억들도 유형별로 분류할 수 있으며, 특정한 유형에 속한 사람이 무슨 행동을 하게 될지 예상할 수도 있다.

예를 들면, 어떤 사람이 화려한 불빛과 선물, 케이크와 함께 멋진 크리스마스트리를 기억해 냈다고 하자. 이 이야기에서 가장 흥미로운 점은 무엇일까? 바로 그가 '보았다'라는 사실이다. 그렇다면 이 사람은 왜 본 것을 이야기했을까? 그의 관심이 항상 시각적인 것에 쏠려 있었기 때문이다.

이 사람은 어린 시절에 눈으로 보는 것에 어려움을 느껴 고생했고, 이를 극복하기 위해 훈련했으며, 그래서 늘 보는 것에 관심을 갖고 집중했다. 이 점이 그의 생활 양식에서 가장 중요한 요소가 아닐 수도 있다. 하지만 흥미롭고 중요한 부분임에는 틀림없다. 만약 직업을 추천한다면 주로 눈을 사용하는 직업이 좋을 것이다.

학교 교육은 시각에 특화된 유형을 자주 지나쳐 버리고 만다. 시각적인 것에 관심이 있는 아이는 늘 무언가를 보고 싶어 하므로 듣는 것에는 관심을 갖지 않을 수도 있다. 이런 아이에게는 인내심을 갖고 듣는 법을 가르쳐야 한다.

한 가지 감각을 선호하는 많은 아이들이 학교에서도 한 가지 감각으로만 배운다. 듣는 것만 좋아하는 학생이 있을 수 있고, 보는 것만 좋아하는 학생이 있을 수 있다. 또 어떤 학생은 활동하거나 운동하는 것을 좋아할 수도 있다. 우리는 이처럼 각기 다른 세 유형의 아이들에게서 동일한 결과를 기대해서는 안 된다. 특히 교사가 오직 한 가지 방식, 가령 학생에게 '들려주는' 방식으로 가르치는 것을 선호한다면 더욱 주의해야 한다. 이 방식으로 교육이 진행된다면 보는 것을 좋아하는 아이와 활동하는 것을 좋아하는 아이들은 힘들어할 것이다. 이 아이들의 발달 과정에도 방해가 될 것이다.

24세의 어느 젊은 남자는 기절하는 것 때문에 고통을 겪고 있었다. 어린 시절의 기억을 물어보니 4세 때 엔진 소리를 듣고 기절했던 기억을 떠올렸다. 말하자면 그는 무언가를 '들었던' 사람이어서 듣는 것에 관심이 많았다. 이때 이 젊은이가 훗날 어떻게 기절하게 되었는지는 설명할 필요가 없다. 어린 시절부터 그가 소리에 매우 민감했다는 사실을 언급하는 것만으로도 충분하다. 젊은이는 음악적인 소질이 뛰어났다. 하지만 소음이나 불협화음, 귀에 거슬리는 소리는 참지 못했다. 그러니 엔진 소리에 그토록 강한 영향을 받은 게 이상한 일은 아니다.

아이나 어른이나 자신에게 고통을 준 것에 관심을 갖는 경우가 있다. 앞에서 말한 천식 환자를 기억할 것이다. 그는 어린 시절에 다치는 바람에 가슴 부위를 꽁꽁 싸매야 했는데, 그 때문에 호흡하는 것에 큰 관심을 갖게 되었다.

온통 먹는 것에만 관심을 갖는 사람들도 있다. 그들에게는 아마 먹는 것과 관련된 기억이 남아 있을 것이다. 그들은 먹는 것을 세상에서 가장 중요하게 여기기 때문에 당연히 먹는 방법이나 먹을 수 있는 것, 먹을 수 없는 것 등이 주된 관심사다. 이처럼 어릴 때 먹는 것 때문에 힘들어했던 사람들이 먹는 것을 중요하게 여기는 경우를 자주 볼 수 있다.

이번에는 움직이는 것이나 걷는 것과 관련된 경우를 살펴보자. 어떤 아이들은 유아기에 몸이 약하거나 구루병(佝僂病, 뼈의 발육이 좋지 못해 척추가 구부러지거나, 뼈의 변형으로 안짱다리 등의 성장 장애가 나타나는 병 — 역주)을 앓아 몸을 제대로 가누지 못하기도 한다. 이 아이들은 움직이는 것에 비정상적으로 많은 관심을 갖고 늘 서두른다. 이와 같은 경우를 잘 보여 주는 사례가 있다.

어느 날 한 50세 남성이 찾아와 하소연했다. 혼자 길을 건널 때는 괜찮은데, 누군가와 같이 찻길을 건널 때면 둘 다 차에 치일까 봐 겁이 난다고 했다. 그리고 누군가 옆에 있으면 그를 꼭 구해야겠다는 생각이 들어 옆 사람의 팔을 잡고 이리저리 당기는 바람에 상대를 짜증나게 만든다고 했다. 환자들을 대하다 보면 자주는 아니지만 간혹 이런 사람들을 만나게 된다. 그들이 이처럼 어리석은 행동을 하는 이유는 과연 무엇일까?

그 남성에게 어린 시절의 기억을 묻자, 3세 때 구루병을 앓아 잘 움직이지 못했다는 이야기를 털어놓았다. 길을 건너다 두 번이나 차에 치인 일도 있었다. 그에게는 자신이 이 약점을 극복했다는 사실을 다른 사람에게 증명하는 게 중요했다. 홀로 길을 건널 수 있는 사람임을 보여 주고 싶었기 때문에 동료를 만날 때마다 이를 증명할 기회를 엿보았던 것이다. 물론 길을 안전하게 건너는 것이 대부분의 사람들에게는 자부심을 가질 일도 아니고 남과 경쟁할 일도 아니다. 하지만 이 환자는 자유롭게 움직이고 싶은 욕구와 그 모습을 보여 주고 싶은 욕구가 매우 강했다.

또 다른 사례를 보자. 어느 남자아이가 범죄자의 길로 들어섰다. 아이는 남의 물건을 훔쳤고, 학교 수업은 '땡땡이치기' 일쑤였다. 부모님은 크게 낙심했다. 아이의 어린 시절 기억은 여기 저기 돌아다니길 원하는 모습이었다. 지금은 아버지와 함께 하루 종일 앉아서 일을 하고 있다. 이럴

땐 아버지의 사업을 위해 세일즈맨이 되어 여기저기 돌아다니는 일이 해결책이 될 수도 있다.

죽음에 대한 기억도 중요한 어린 시절 기억 유형이다. 아이들은 누군가 갑자기 죽는 것을 보면 강한 충격을 받는다. 이 충격이 심할 때는 병적으로 발전하는 경우도 있고, 병적인 상황까지 가지 않더라도 사는 동안 내내 죽음의 문제로 고심할 수 있다. 어떤 형태로든 죽음이나 질병과 맞서 싸우려고 하다가 훗날 의사나 약사가 되어 의료업에 종사하는 경우도 많다. 이런 형태로 목표를 이룬 경우는 그나마 삶의 유익한 편에 속한다. 스스로 죽음과 맞서 싸울 수 있는 힘을 가졌고 다른 사람들에게도 똑같은 힘을 줄 수 있기 때문이다.

반면, 원형이 자기중심적으로 발달하는 경우도 있다. 언젠가 누나의 죽음에 큰 충격을 받은 한 아이에게 장래 희망을 물어보았다. 그때 나는 아이의 입에서 의사 같은 직업이 나오리라고 예상했다. 하지만 아이는 놀랍게도 '무덤 파는 사람'이 되고 싶다고 했다. 왜 그런 일을 하고 싶은지 물어보자 이렇게 대답했다. "저는 제가 묻히는 것보다 다른 사람들을 묻는 사람이 되고 싶어요." 이 목표는 누가 보아도 삶의 무익한 쪽에 속한다. 아이의 관심이 오로지 자기 자신에게 쏠려 있기 때문이다.

어릴 때 응석받이였던 사람들의 어린 시절을 살펴보자. 이들의 기억에는 응석받이의 특징이 분명하게 나타난다. 그 예로 응석받이는 어머니를 자주 언급한다. 어머니를 언급하는 일은 매우 자연스러워 보이지만, 아이가 자신에게 호의적인 상황을 조성하기 위해 분투했다는 사실을 보여주기도 한다.

어린 시절의 기억은 아무 문제가 없어 보여도, 많은 사실을 말해 준다.

이를테면, 한 남자가 "저는 방에 앉아 있었고, 엄마는 캐비닛 옆에 서 있었어요."라고 말했다고 하자. 얼핏 보기에 이 기억은 별로 중요해 보이지 않는다. 하지만 어머니를 언급한 일 자체가 그의 관심사를 드러낸 것이다. 간혹 기억에 어머니가 드러나지 않을 때가 있는데 이럴 때는 분석이 더 복잡해진다. 질문자가 어머니에 대해 추측해야 하기 때문이다.

질문을 받은 사람이 이렇게 대답할 수도 있다. "여행을 갔던 기억이 나요." 이때 누구와 함께 갔느냐고 물으면 어머니라는 사실을 알게 될 것이다. 때로 아이들은 "어느 여름날 시골에 있었어요."라고 답하기도 한다. 그러면 아이의 아버지는 도시에서 일하고 어머니가 아이들과 함께 있었을 것이라고 추측할 수 있다. 그러면 우리는 "누가 함께 있었죠?"라고 물을 수 있고, 이를 통해 어머니의 숨은 영향력을 종종 확인할 수 있다.

어린 시절의 기억을 관찰하다 보면 남들보다 더 사랑받고 싶어 하는 사람들을 만나게 된다. 자라면서 어머니 손에 애지중지 키워진 사람도 있다. 아이든 어른이든 이러한 기억은 사람을 이해하는 데 매우 중요한 요소가 된다. 이들은 늘 위태로운 상황에 있다고 느끼거나 남들보다 더 사랑받아야 한다고 생각한다. 다른 사람과 갈등이 심해지면 이 느낌과 생각이 더욱 분명해진다. 이 기억은 그들이 훗날 질투와 시기로 가득한 사람이 될 것을 암시하기도 한다.

간혹 한 가지에만 관심을 표하는 사람들이 있다. 예컨대 어떤 아이가 이렇게 말했다. "하루는 제가 여동생을 돌봐야 했어요. 저는 정말로 동생을 잘 돌보고 싶었죠. 그날 동생을 탁자 위에 올려놓았는데 동생이 탁자 덮개에 걸리는 바람에 바닥에 떨어졌어요." 그때 이 아이의 나이는 겨우 4세였다. 물론 어린 아이에게 동생을 돌보게 할 수 있다. 하지만 이 조치는 동생을 잘 돌보고 싶어 하는 언니에게 크나큰 비극을 초래할 수 있다. 언니는 자라서 아주 다정하고 순종적인 남편과 결혼했다. 하지만 그녀는 늘 남편을 질투하고 비난했다. 남편이 다른 사람을 더 좋아하게 될까 봐 두려웠기 때문이다. 그녀의 남편은 아내에게 지쳐 아이에게만 관심을 쏟았다. 그녀의 상황을 모두 알게 되면 남편의 행동을 쉽게 이해할 수 있다.

실제로 가족을 해치거나 심지어 죽이고 싶은 마음까지 들었다고 기억하는 사람들도 있다. 이런 사람들의 관심은 오로지 자신에게만 매몰되어 있다. 타인을 전혀 좋아하지 않는 것은 물론이고 모종의 경쟁의식까지 느낀다. 이런 감정은 그 사람들의 원형에 이미 존재하고 있다.

어떤 일을 결코 끝내지 못하는 사람도 있다. 다른 사람이 자기보다 더 많은 관심과 사랑을 받을까 봐 두렵고, 남이 자기를 앞지를까 봐 두려워 일을 제대로 끝내지 못하는 것이다. 이런 사람은 주변 사람들과 잘 어울리지 못한다. 다른 사람이 자기보다 더 주목받고 사랑받는 걸 싫어하기 때문이다. 이들은 무슨 일을 하든 극도로 긴장하는데, 이런 태도는 특히 '사랑과 결혼' 문제와 매우 밀접한 관련이 있다.

비록 이 사람들을 완벽히 치료하지는 못하더라도 치료 기술을 동원하면 어느 정도 개선되리라 생각한다.

내가 치료법을 사용했던 사람 가운데 한 명은 4장에서 언급했던 남자아이다. 어느 날 이 아이는 어머니와 동생과 함께 시장에 갔다. 비가 내리기 시작하자 어머니는 먼저 그를 안았다가 동생을 보자 곧 그를 내려놓고 동생을 안았다. 그때부터 그는 자신보다 동생이 어머니의 사랑을 더 많이 받는다고 느끼게 되었다.

3. 어린 시절의 기억으로 미래를 예측하다

어린 시절의 기억들을 확보하면 훗날 환자들에게 어떤 일이 일어날지 예측할 수 있다. 하지만 이 기억들은 원인이 아니라 단지 암시에 불과하다는 사실에 유의해야 한다. 어린 시절의 기억들은 삶에 무슨 일이 일어났고, 삶이 어떤 식으로 발전해 왔는지 보여 주는 신호다. 이 신호는 목표를 향한 움직임과 극복해야 했던 장애들의 종류를 암시한다.

또한 어린 시절의 기억들은 한 인간이 삶에서 다른 것이 아닌 특정한 어떤 것에 더 많은 관심을 보이는 이유를 설명해 준다. 예를 들어, 한 사람이 성(性)적인 면에서 이른바 트라우마를 겪었다고 해 보자. 이 사람은 다른 문제보다 성에 더 많은 관심을 보일 것이다. 이 사람에게 어렸을 적 겪었던 일을 들려 달라고 했을 때, 성적인 경험에 대해 듣게 되어도 놀라면 안 된다. 어떤 사람들은 어릴 적부터 유독 성적인 것에 많은 관심을 보인다. 성에 관심을 갖는 일은 자연스러운 일이다. 하지만 이 관심의 종류와 정도는 매우 다양하다. 성적인 기억에 대해 이야기하는 환자들의 삶은 이후로도 계속 성으로만 치우친다. 결과적으로 삶의 어느 부분에만 과도하게 가치를 두어 조화로운 삶을 살지 못한다.

어떤 사람들은 모든 것의 바탕에 성이 있다고 주장한다. 한편 위장(胃腸)이 인간에게 가장 중요한 신체 기관이라고 주장하는 사람들도 있다. 이런 주장들을 통해서도 이 책의 결론에 이르게 된다. 어린 시절의 기억과 성장한 후의 성격은 매우 비슷하다.

고등학교에 진학하면 장차 어떻게 될지 궁금증을 갖게 하는 남자아이가 있었다. 아이는 한 자리에 차분히 앉아 공부한 적이 없을 만큼 늘 분주했다. 항상 딴 생각에 빠져 있고 공부해야 할 시간에 카페에 자주 들락거리거나 친구 집에 놀러 다녔다. 따라서 그 아이의 어린 시절 기억을 되짚어 보는 일은 참으로 흥미로웠다. 아이는 이렇게 말했다. "요람에 누워서 벽을 보고 있는 장면이 떠올라요. 벽지에 그려진 다양한 꽃무늬들을 보았어요."

아이는 요람에 누워 있을 준비만 되어 있었을 뿐 학교에서 시험을 치를 준비는 되어 있지 않았다. 항상 다른 생각에 빠져 있었고 한 번에 두 마리 토끼를 잡으려 하니 공부에 제대로 집중하지 못했다. 우리는 아이가 어릴 때 응석받이였고 혼자서는 자기 일을 제대로 해내지 못했다는 사실을 알게 되었다.

4. 미움받았던 기억은 되풀이된다

이번에는 미움받는 아이의 경우를 살펴보자. 미움받는 아이의 유형은 드물고 극단적인 예이다. 어떤 아이가 실제로 어릴 때부터 미움을 받는다면 그 아이는 아마 살아남지 못할 것이다. 보통 아이들 곁에는 그들의 응석을 받아 주고 욕구를 채워 줄 부모나 보호자가 있게 마련이다. 혼외 자식이거나 원치 않게 태어난 아이일수록 미움을 받는 경우가 많은데, 이런 아이들은 종종 우울증으로 고생하기도 한다. 이 아이들의 머릿속에는 어린 시절에 미움을 받았던 기억이 남아 있다.

어떤 남자는 이런 고백을 했다. "저는 엉덩이를 맞은 기억이 나요. 어머니의 계속되는 꾸지람을 듣다가 결국 집에서 도망쳐 나왔어요." 그는 도망쳐 나오다가 물에 빠져 죽을 뻔했다고 했다.

이 남자가 심리학자를 찾아온 이유는 집 밖으로 외출하는 게 힘들었기 때문이다. 상담을 통해 남자가 어린 시절에 집 밖으로 나오다가 위험한 일을 당했다는 사실을 알게 되었다. 이 사건은 그의 기억 속에 깊이 각인되었고, 이후로 집을 나설 때마다 위험한 일이 닥치지 않을까 긴장했다. 그는 밝은 성격이었지만 시험에서 일등을 놓칠까 봐 늘 노심초사했고, 무슨 일이든 망설였고 계속하지 못했다. 대학에 들어가서도 정해 놓은 길로 가지 못하고 경쟁에 뒤처질까 봐 걱정했다. 이 모든 현상은 어린 시절에 그가 겪었던 위험에 대한 나쁜 기억에서 비롯한 것이다.

한 살 때 부모가 모두 세상을 떠난 어느 고아의 경우도 살펴보자. 그는 구루병을 앓았고, 정신 병원에 있었다. 아무도 그를 보살피지 않아 충분한 돌봄을 받지 못했다. 성장한 뒤에도 친구나 동료를 사귀지 못했다. 어린 시절의 기억을 들어보니, 그는 항상 남들보다 사랑받지 못한다고 느끼고 있었다. 이런 감정은 성장하는 데 큰 걸림돌이 되었다. 그는 늘 자신이 미움받는다고 생각했기 때문에 어떤 문제에든 쉽게 다가가지 못했다. 열등감 때문에 사람들과 만나는 일을 모두 피했다. 결국 그는 사랑과 결혼, 우정, 직업 등 어떤 일도 제대로 감당하지 못했다.

한 중년 남성의 사례도 주목할 만하다. 이 남성은 불면증을 호소했다. 나이는 40대 중후반이었으며, 결혼도 했고, 자녀도 있었다. 이 남자는 모든 사람에게 지나치게 비판적이었다. 특히 가족에게 폭군같이 굴었다. 그의 행동은 모든 사람을 불행하게 만들었다.

어린 시절에 대한 기억을 묻자, 이 남자는 자주 싸움을 하는 부모 밑에서 자랐다고 했다. 부모는 서로 싸우며 윽박질렀고 그는 아버지와 어머니를 모두 무서워했다. 부모는 사이가 좋지 않았기 때문에 자식을 잘 돌보지 않았다. 아이는 지저분한 상태로 학교에 다녀야 했다.

어느 날 담임 교사에게 일이 생겨 다른 보조 교사가 대신 출근하게 되었다. 이 보조 교사는 가르치는 일에 관심이 많았다. 교육은 신성하고 고귀한 일이라고 생각했고 교육의 가능성을 굳게 믿었다.

이 교사는 돌봄을 받지 못하고 있던 아이에게서 어떤 가능성을 발견하고는 그를 격려하기 위해 학교 밖으로 데리고 나갔다. 아이는 태어나서 지금까지 그런 대우를 받아 본 적이 없었다. 그때부터 아이는 발전하기 시작했다. 하지만 등을 떠밀려 가는 느낌을 받았다. 그는 자신이 우월해질 수 있다고 진심으로 믿지는 않았다. 그래서 밤낮을 가리지 않고 계속 공부했다. 특히 밤에는 자야 할 시간의 절반을 공부에 할애하기도 하고, 때로는 자신이 해야 할 일을 생각하며 뜬눈으로 밤을 지새웠다. 그러다 보니 점점 원하는 바를 성취하려면 밤을 세워야 한다고 생각하게 되었다.

우월해지려는 이 남자의 욕망은 나중에 가족이나 다른 사람을 대하는 태도에 반영되었다. 가족이 자신보다 더 약했기 때문에 그는 정복자처럼 행동할 수 있었다. 아내와 아이들은 어쩔 수 없이 고통에 시달려야 했다.

이 남자의 특징을 요약해 보자. 그는 '우월 추구의 목적'을 가지고 있지만 열등감이 심한 사람이다. 이런 유형 중에는 과로하는 사람들이 많다. 이처럼 긴장한다는 것은 성공에 대해 의심하고 있다는 신호다. 이 의심은 우월 콤플렉스에 가려져 있다. 우월 콤플렉스는 우월한 척하는 것이다. 이처럼 어린 시절의 기억들을 살피면 진실은 곧 밝혀진다.

📺 KEY POINT 어린 시절의 기억

- 어린 시절의 기억을 토대로 생활 양식의 핵심, 즉 원형을 밝혀낼 수 있다.
- 어린 시절의 기억은 기억하는 내용의 사실 여부보다 종류가 더 중요하다. 남아 있는 기억을 통해 한 인간의 관심이 어디에 있는지 알아볼 수 있다.
- 어린 시절의 기억을 통해 훗날 환자에게 일어날 일을 예측할 수도 있다.

PART 6
삶에 악수를 청하다

태도와 행동

Every human being is a unity.
인간은 하나의 통합체다.

1. 생활 양식, 행동으로 드러나다

5장에서 어린 시절의 기억들이 개인의 생활 양식을 밝히는 데 어떻게 사용되는지 살펴보았다. 어린 시절의 기억을 살피는 방법은 성격 연구의 여러 방법 가운데 하나에 불과하다. 이 방법은 부분을 통해 전체를 해석한다는 원리에 의존한다. 어린 시절의 기억 외에도 우리는 개인의 현재 행동과 태도를 관찰할 수 있다. 여기서 **행동 자체는 태도로 표현되며 태도에 뿌리박고 있다. 태도란 우리가 생활 양식이라고 부르는 '삶'에 대한 전반적인 태도를 말한다.**

먼저 몸의 움직임, 즉 '행동(movements)'에 대해 이야기해 보자. 우리는 어떤 사람을 판단할 때, 그가 어떤 식으로 서 있고, 걷고, 움직이고, 자신을 표현하는지를 관찰한다. 항상 의식적으로 판단하는 것은 아니다. 하지만 행동이 주는 인상 때문에 호감이 생기기도 하고 반감이 들기도 한다.

예를 들어 서 있는 자세를 생각해 보자. 아이든 어른이든 똑바로 서 있는지 혹은 구부정하게 서 있는지는 바로 알아볼 수 있으므로 자세를 살피는 일은 그리 어렵지 않다. 여기서 특히 과장된 자세를 주의 깊게 살펴보아야 한다. 어떤 사람이 너무 꼿꼿하게 서 있으면 그 자세를 유지하기 위해 힘이 많이 들어가지 않을까 하는 의문이 생긴다. 우리는 꼿꼿한 자세를 통해 이 사람이 겉으로 보이는 모습보다 자신을 덜 훌륭하게 여기고 있다는 사실을 짐작할 수 있다. 뻣뻣한 자세를 취해 용기 있는 사람처럼 보이고 싶어 하는 것이다. 이렇게 사소한 점에서도 열등 콤플렉스가 어떻게 작용하고 있는지 살필 수 있다.

반대로 구부정하게 움츠린 자세를 취하는 사람들도 있다. 이런 자세는 겁이 많다는 사실을 의미한다. 하지만 여기서 예술과 과학의 법칙을 고려해야 한다. 한 가지 사항으로 모든 것을 판단하지 말고 다른 사항들도 함께 살펴보아야 하는 것이다. 간혹 우리는 자신의 판단이 정확하다고 느낄 때에도 다른 사항들을 바탕으로 그 판단을 검증하고 싶어 한다. 그래서 이렇게 질문한다. "구부정한 자세를 취한 사람은 모두 겁이 많은 사람인가? 힘든 상황에 처한 사람이 모두 이 자세를 취할 것이라는 근거는 무엇인가?"

행동과 태도 사이의 연관성을 알아보기 위해 다른 사항들도 살펴보자. 어떤 사람이 무엇에 어떤 식으로 의지하고 있는지 관찰할 수 있을 것이다. 가령 책상이나 의자에 몸을 기대고 있을 수 있다. 자신의 힘을 믿지 못하고 외부의 도움을 원하는 것이다. 기대는 자세는 구부정하게 서 있는 사람이 지닌 마음의 태도를 반영한다. 그리고 이 두 가지 행동 유형은 우리의 판단이 진실에 가깝다는 사실을 어느 정도 확인시켜 준다.

남의 도움을 받고 싶어 하는 아이의 자세는 독립적인 아이의 자세와 다르다. 아이가 어떻게 서 있는지, 어떤 식으로 다른 사람에게 다가가는 지를 보면 아이의 독립성을 어느 정도 파악할 수 있다. 이런 경우는 의문을 품지 않아도 된다. 결론을 뒷받침할 만한 근거들이 많기 때문이다. 여기에 대해서는 확증되었으므로, 우리는 상황을 바로잡고 아이를 올바른 길로 인도할 수 있다.

도움받고 싶어 하는 아이를 대상으로 실험할 수도 있다. 먼저 의자에 어머니를 앉히고 아이를 그 방에 들어가게 하는 간단한 실험이다. 이때 아이는 다른 사람들에게는 눈길 한 번 주지 않고 곧장 어머니에게 달려 가 의자에 기대거나 어머니에게 기댈 것이다. 이 결과는 우리가 예상한 내용, 즉 아이는 도움을 받기 원한다는 사실을 뒷받침해 준다.

아이가 어머니에게 접근하는 모습 자체를 알아보는 것도 흥미롭다. 아이의 사회적 관심이나 사회적 적응도를 알 수 있고, 아이가 타인을 신뢰하는 정도도 알 수 있기 때문이다. 다른 사람에게 다가가는 것을 원치 않고 항상 멀리 떨어져 있는 사람들은 또 다른 면에서 내성적인 모습을 보이는 것이다. 이들은 말도 별로 하지 않고 유난히 침묵을 지킨다.

인간은 하나의 통합체고 삶의 과제에 통합적으로 반응하기 때문에 모든 요소가 같은 방향을 가리킨다. 의사에게 치료를 받으러 온 한 여자를 예로 들어 보자. 의사는 여자가 바로 자기 앞으로 다가와 앉을 것이라고 생각했다. 하지만 여자는 주위를 둘러보더니 자기와 가장 먼 곳에 있는 의자로 가서 앉았다. 이런 유형의 사람은 오직 한 사람하고만 연결되고 싶어 하는 사람이라고 판단할 수 있다. 그녀는 결혼을 했다고 말했는데,

이 한마디로 모든 내용을 추측해 볼 수 있다. 이 여자는 오로지 자기 남편과 연결되기를 원하고 있는 것으로 짐작된다. 또한 응석을 받아 주기를 바라면서 남편에게 정시에 퇴근해 집으로 오라고 말하는 사람일지도 모른다. 혼자 있을 때는 매우 불안해하며 절대 혼자서는 집 밖으로 나가지 못하고 다른 사람들과 만나서 놀지도 못한다. 요컨대 그녀의 행동 하나로 이 같은 내용들을 짐작해 볼 수 있는 것이다. 이 외에 우리의 이론을 좀 더 분명하게 뒷받침해 줄 방법들도 있다.

여자는 우리에게 이렇게 말할지도 모른다. "불안한 마음 때문에 힘들어요." 이 불안한 마음이 다른 사람들을 지배하는 무기로 사용된다는 사실을 모르면, 누구도 여자의 말을 이해하는 것이 아니다. 아이나 어른이 불안으로 힘들어한다면 그들을 도와주는 다른 사람이 있을 것이라 추측할 수 있다.

자유사상가라고 자처하는 부부가 있었다. 부부는 자신이 한 일을 서로에게 모두 말하면 각자가 원하는 대로 결혼 생활을 할 수 있을 것이라 믿었다. 어느 날 남편은 다른 여자와 연애했던 사실을 아내에게 모두 털어놓았다. 처음에 아내는 그 사실을 기꺼이 받아들이는 것 같았다. 하지만 얼마 후 그녀는 불안 때문에 힘들어했다. 혼자서는 집 밖으로 나가지 못해 남편이 늘 동행해야만 했다. 결국 이 '자유로운 생각'이라는 것도 불안과 공포로 말미암아 얼마든지 바뀔 수 있는 것이다.

집 안에서 항상 벽과 가까이 있거나 벽에 기대고 있는 사람들이 있다. 이는 용기와 독립심이 충분하지 않다는 증거다. 이번에는 소심하고 머뭇거리는 사람들의 유형을 분석해 보자. 매우 수줍어하는 모습으로 학교에 오는 남자아이가 있었다. 수줍음은 아이들과 어울리고 싶어 하지 않는다는 중요한 신호다. 친구가 없는 아이는 항상 학교 수업이 끝나기만을 기다렸다. 계단을 내려갈 때도 아주 천천히 벽에 몸을 바짝 붙인 채로 내려갔고, 고개를 푹 숙인 채 집으로 내달렸다. 아이는 학교라는 공간에 있으면 별로 행복하지 않았기 때문에 학업에 충실할 수가 없었다. 언제나 어머니가 있는 집에 가고 싶어 했다. 어머니는 아들의 응석을 많이 받아 주었다.

의사는 상황을 좀 더 정확히 이해하기 위해 어머니와 상담을 시작했다. "아이가 잠은 잘 자나요?" 그러자 어머니는 "네."라고 답했다. 이번에는 "한밤중에 울기도 하죠?"라고 묻자 "아니오."라고 대답했다. "이불에 오줌을 싸나요?"라는 질문에도 "아니오."라고 대답했다.

의사는 자신이 이상하거나 아니면 아이가 이상하다고 생각했다. 하지만 곧 의사는 아이가 어머니와 같은 침대에서 잘 거라고 예상했다. 이 대목에서 의사는 어떻게 그런 생각을 하게 되었을까? 한밤중에 운다는 것은 어머니의 관심을 요구하는 행위다. 만일 어머니와 같이 잔다면 굳이 그럴 필요가 없을 것이다. 마찬가지로 이불에 오줌을 싸는 것도 어머니의 관심을 끌기 위한 행위다. 의사의 예상은 적중했다. 아이는 매일 밤 어머니와 함께 잠을 잤던 것이다.

심리학자들이 주목하는 사소한 것들은 모두 일관된 삶의 계획 속에 포함되어 있다. 따라서 삶의 목표가 확인되면 아주 많은 내용을 알아낼 수 있다. 남자아이의 경우는 어머니와 늘 연결되어 있는 것이 목표다. 이런 식으로 어떤 아이가 의지가 약한지 강한지도 알아낼 수 있다. 의지가 약한 아이는 삶의 계획을 제대로 세우지 못한다.

2. 생활 양식, 태도로 드러나다

이제 '정신적 태도(mental attitudes)'에 대해 살펴보자. 어떤 사람은 싸우는 걸 좋아한다. 무슨 일이든 쉽게 포기하려고 하는 사람도 있다. 하지만 정말로 포기하려고 하는 사람은 보지 못했다. 포기는 인간의 본성을 넘어서는 일이기 때문에 정상적인 인간이라면 결코 포기하지 못한다. 만일 누군가 포기하는 것처럼 보인다면 인생을 더 치열하게 살겠다는 의지를 보이는 것으로 해석하면 될 것이다.

늘 포기하고 싶어 하는 유형의 아이가 있다. 그래서 아이는 늘 가족의 관심을 받는다. 가족 모두 아이를 돌보면서 앞으로 밀어 주고 타이른다. 아이는 도움을 받아야 하기 때문에 주위 사람들에게 늘 부담을 준다. 이것이 바로 아이가 추구하는 삶의 목표다. 아이는 그런 식으로 다른 사람들을 지배하고 싶은 욕구를 표현하는 것이다. 물론 '우월 추구의 목적'은 열등 콤플렉스 때문에 생긴다. 아이가 성공을 위해 이렇게 쉬운 방법을 택한 이유는 자신이 힘을 가지고 있다는 사실을 믿지 않았기 때문이다.

이와 같은 특징을 보이는 17세 남자가 있었다. 그는 장남이었다. 우리는 앞에서 첫째가 겪게 되는 비극을 살펴보았다. 첫째는 가족의 관심을 한 몸에 받고 있다가, 동생이 태어나면 왕좌에서 내려와야 하는데, 이 남자도 그런 경우였다. 그는 매우 우울하고 언짢았다. 심지어 아무 일도 할 수 없었다. 어느 날 갑자기 그가 자살을 시도했다. 소동이 끝나고 그는 의사를 찾아와 자살을 시도하기 전에 아버지를 총으로 쏘는 꿈을 꾸었다고 말했다.

이 남자처럼 우울하고 게으르며 잘 움직이지 않는 사람은 갑자기 어떻게 변할지 아무도 예측할 수 없다. 학교에서 빈둥거리는 아이들이나 어떤 것도 하지 않으려는 나태한 성인들 모두 위험 수위에 있다고 할 수 있다. 게으름을 겉으로 드러내다가, 시간이 지나면 자살을 시도하거나 신경증이나 정신 이상 같은 증세를 보일 수 있는 것이다. 따라서 이들의 정신적 태도를 체계적으로 밝혀내는 일은 매우 어려운 작업이다.

수줍음도 위험한 문제가 될 수 있다. 수줍음을 타는 아이는 조심스럽게 대해야 한다. 수줍음을 고치지 않으면 사람은 살아가면서 큰 어려움을 겪을 수밖에 없다. 우리는 용기 있는 사람들만이 좋은 결과를 얻고 이득을 보는 문화 속에서 살고 있기 때문이다. 용기 있는 사람은 실패해도 그렇게 큰 상처를 입지 않는다. 하지만 수줍음을 많이 타는 사람이 어려움에 직면하면 곧바로 삶의 무익한 방향으로 도피해 버린다. 그리고 훗날 신경증 환자나 정신 이상자가 될 수도 있다.

이런 사람들은 처량한 모습으로 다닐 것이다. 사람들과 함께 있을 때는 말을 더듬거나 아예 말을 하지 않을 것이다. 아니면 사람을 아예 피해 버릴 수도 있다.

3. 어릴 적 경험이 정신적 태도를 빚다

지금까지 살펴본 특징들이 바로 정신적 태도다. 이는 타고나거나 물려받는 것이 아니라 그저 어떤 상황에 대한 반응이다. 내가 처한 문제에 대해 생활 양식이 반응한 것이 바로 나의 성격이나 특징이 된다. 물론 이 반응이 철학자들이 원하는 종류의 논리적 인과 관계를 가지고 있는 것은 아니다. 오히려 어린 시절의 경험들과 실수들이 나를 훈련시킨 결과로 내가 내놓게 된 대답이다.

정신적 태도가 형성되는 방식이나 정신적 태도의 기능에 대해서는 정상적인 성인보다는 아이들이나 비정상적인 성인에게서 더 명확하게 살펴볼 수 있다. 알다시피 원형 단계에서의 생활 양식은 성인이 된 후의 생활 양식보다 훨씬 더 분명하고 단순하다. 원형은 아직 익지 않은 열매에 비유할 수 있다. 이 열매는 앞으로 거름과 물, 영양분, 공기 등을 흡수하게 될 것이고, 이 모든 것은 원형을 형성하는 데 쓰일 것이다. 원형과 생활 양식의 차이는 아직 익지 않은 열매와 익은 열매의 차이와 같다. 익지 않은 열매일수록 그 속을 열어 보고 조사하기가 훨씬 더 쉽다. 하지만 익지 않은 열매와 익은 열매의 내용물은 둘 다 거의 비슷하다.

어릴 때 겁이 많던 아이가 자신의 태도에서 이 소심함을 어떻게 드러내는지 살펴보자. 소심한 아이와 호전적인 아이의 행동은 매우 다르다. 호전적인 아이는 상식 이상의 용기를 지니고 있다. 소심한 아이 역시 가끔 영웅처럼 행동할 때가 있다. 소심한 아이가 최고의 자리에 오르고 싶어 노력할 때 이러한 행동이 나타난다.

수영을 할 줄 모르는 어떤 아이의 사례에서 이런 점을 확인할 수 있다. 어느 날 친구들이 수영하러 가자고 하자 아이는 선뜻 따라나섰다. 그러나 물은 아주 깊었고, 아이는 수영을 할 줄 몰라 거의 빠져 죽을 뻔했다. 물론 아이는 진정한 용기를 보인 것이 아니라 쓸데없는 짓을 한 것이다. 아이는 단지 친구들에게 인정받고 싶어서, 자신에게 닥칠 위험을 무시했다. 그리고 다른 한편으로 다른 아이들이 자기를 구해 줄 것이라 막연히 기대했던 것이다.

4. 삶을 도피하는 운명론자

용기와 소심함에 관한 문제는 심리적으로 운명에 대한 믿음과도 밀접한 관련이 있다. 운명에 대한 믿음은 유익한 행위를 하는 데 필요한 능력에 영향을 끼친다. 모든 것을 다 해낼 수 있다는 우월감에 빠진 사람들이 있다. 그들은 모든 것을 알고 있어 더 이상 배울 게 없다고 생각한다. 하지만 우리는 이런 생각을 가진 사람들이 어떤 결과를 내는지 잘 알고 있다.

우월감을 가진 아이들은 학교에서 대체로 성적이 좋지 않다. 그런가 하면 가장 위험한 짓만 골라하는 사람들이 있다. 그들은 자신에게 아무 일도 일어나지 않을 것이라 생각한다. 즉 실패하지 않을 것이라 믿는 것이다. 하지만 결과가 좋았던 적은 거의 없다.

살면서 끔찍한 일을 겪을 때마다 아무런 피해도 입지 않은 사람들 가운데 운명을 믿는 사람들이 있다. 이를테면 심각한 사고가 일어났지만 죽음을 피한 경우를 들 수 있을 것이다. 이런 사람들은 자신들이 보다 높은 목적을 이룰 운명이라고 생각한다. 하지만 이런 생각을 가진 사람들은 내가 만났던 사람처럼, 기대에 어긋나는 결과가 나타나면 금세 용기를 잃고 우울증에 빠지기도 한다. 자신의 삶에서 가장 중요한 기반이 사라져 버렸기 때문이다.

그 사람에게 젊은 시절의 기억을 묻자, 매우 의미심장한 경험담을 들려주었다. 그가 오스트리아의 빈에 있는 극장으로 가고 있을 때 일어났던 일이다. 그는 극장에 도착하기 전에 먼저 들러야 할 데가 있어 볼일을 마친 후 극장에 도착했다. 놀랍게도 극장 건물은 모두 불에 타버린 채였다. 모든 것이 불에 타 사라졌지만 그 사람은 죽음을 피했다. 이제 이와 같은 경험을 한 사람이 자신이 좀 더 높은 목적을 위해 살아야 할 운명이라고 느끼는 이유를 어느 정도 이해할 것이다. 모든 일이 순조롭게 돌아가는 듯했지만, 그는 아내와의 관계에서 실패를 경험하고 곧 무너져 내리고 말았다.

운명에 대한 믿음이 지니는 의의에 대해서 많은 이야기를 할 수 있을 것이다. 이 믿음은 개인뿐만 아니라 한 민족이나 문명에도 영향을 끼친다. 하지만 여기서는 심리적인 부분이나 생활 양식에 초점을 맞추어 이야기할 것이다. 운명을 믿는다는 것은 삶을 유익하게 살기 위해 노력하지 않고 도피하려는 것에 불과하다. 이 믿음은 삶의 그릇된 토대가 된다.

5. 부러움과 질투는 열등감의 신호다

동료와의 관계에 영향을 끼치는 태도 가운데 하나는 '부러움'이다. 부러워한다는 것은 열등감의 신호다. 사실 우리 모두에게는 어느 정도 남을 부러워하는 마음이 있다. 부러움의 정도가 적어 아무런 해가 되지 않으면 정상이다. 부러움은 삶에 유익함을 줄 수도 있다. 어떤 일을 지속해 나가거나 문제에 직면할 힘을 주기 때문이다. 이런 경우 부러움은 전혀 무익하지 않다. 그러므로 적당한 정도의 부러움은 받아들여야 한다.

반면, '질투'는 훨씬 더 어렵고 위험한 정신적 태도다. 인생에 전혀 유익하지 않기 때문이다. 질투가 많은 사람치고 좋은 결과를 얻는 경우가 거의 없다.

더군다나 질투는 깊은 열등감에서 비롯한 것이다. 질투가 많은 사람은 자신의 짝을 붙잡지 못할까 봐 두려워한다. 짝에게 어떤 식으로든 영향력을 행사하고 싶어 하는 순간 그는 질투 때문에 나약함을 드러내고 만다. 이런 사람의 원형을 들여다보면 박탈감을 볼 수 있을 것이다. 질투심이 강한 사람은 과거에 왕좌를 박탈당한 경험이 있기 마련이다. 그렇기 때문에 다시는 그 같은 일을 겪지 않으려고 노심초사한다.

6. 남자를 부러워하는 여자

지금까지 부러움과 질투에 관한 일반적인 문제를 알아보았다. 이제는 부러움에 관한 매우 특이한 유형을 살펴보려고 한다. 여성이 남성의 우월한 사회적 위치를 부러워하는 태도를 살펴보겠다. 남자가 되고 싶어 하는 여자들을 많이 볼 수 있다. 이런 태도는 충분히 이해할 만하다. 우리 문화 속에서는 남성이 여성보다 중요한 존재로 높이 평가받으며 항상 앞서고 있기 때문이다. 하지만 이는 바람직한 모습이 아니라 바로잡아야 할 모습이다.

여자아이들은 남자들이 자신들보다 훨씬 편하게 생활하고 사소한 일에 신경을 빼앗기지도 않는 모습을 집안에서 보며 자란다. 남자들은 여자들에 비해 여러 면에서 자유롭다. 여자들은 이를 보고 자신의 위치에 대해 불만을 품게 된다. 어떤 여자아이들은 남자아이처럼 행동하려고 한다. 이 모방 행위는 다양한 모습으로 나타난다. 가령 여자아이가 남자아이처럼 옷을 입고 싶어 하는 경우가 있다. 이때 부모들은 남자 옷이 더 편하기 때문에 그냥 내버려 두기도 한다. 이런 행동은 때로 도움이 되기도 하므로 굳이 말릴 필요는 없다.

하지만 말려야 하는 경우도 있다. 여자아이가 남자 이름으로 불리기 원하는 경우다. 이 여자아이들은 자기가 선택한 남자 이름으로 불리지 않으면 대단히 화를 낸다. 이 행동이 단순한 장난이 아니라 아이의 이면에 있던 무언가를 반영한 것이라면 매우 위험하다. 나중에 성 역할에 대한 불만을 가질 수도 있기 때문이다. 결혼을 한다면 여자의 성 역할에 대해 혐오감을 보일지도 모른다.

여자들이 남자처럼 옷을 입는 일은 남자 옷이 활동성이 뛰어나므로 문제가 되지 않는다. 여자들이 여러 면에서 남자들과 같은 교육 과정을 거치고 남자들이 하는 일을 하는 것도 괜찮다. 하지만 여성의 역할에 불만을 품고 남자들을 무조건 따라하는 것은 위험한 일이다.

이런 위험한 경향은 주로 청소년기에 나타난다. 청소년기는 원형이 변형되기 시작하는 시기이기 때문이다. 아직 어린 여자아이들은 남자아이들의 특권을 질투하기도 한다. 이 같은 질투는 남자아이들을 모방하려는 욕구로 나타나는데, 이 또한 정도에서 벗어난 일종의 우월 콤플렉스다.

앞서 말했듯이 무조건적인 모방 경향은 사랑과 결혼에 대한 혐오로 이어질 수 있다. 결혼을 혐오하는 여자아이들도 결혼을 포기하지는 않는다. 결혼에 관심이 없는 사람도 결혼은 하려고 한다. 대부분의 사회에서는 결혼하지 못한 것을 인생의 실패로 여기기 때문이다.

평등의 원칙에 근거해 성 역할의 기초를 마련해야 한다고 믿는 사람은 이런 여성들이 가진 '남성적 저항(masculine protest, 여성이 여성적 역할에 저항하는 것 ― 역주)'을 부추기지 말아야 한다. 성 평등은 세상의 자연스러운 질서와 조화를 이루어야 한다. 하지만 남성적 저항은 현실에 대한 맹목적 저항이며 우월 콤플렉스에 불과하다. 실제로 남성적 저항은 모든 성적 역할과 기능에 악영향을 미칠 수 있다. 이 때문에 심각한 징후들이 발생할지도 모른다. 이 징후를 따라 과거로 거슬러 올라가면 징후의 모든 조건들이 어린 시절에서 비롯했다는 사실을 알게 된다.

7. 여자가 되고 싶은 남자

남자가 되길 바라는 여자아이처럼 자주 마주치지는 않지만, 여자가 되길 바라는 남자아이를 만나기도 한다. 이런 남자아이들은 평범한 여자아이를 모방하는 것이 아니라 과장되게 행동하는 여자아이를 모방한다. 얼굴에 화장을 하고 머리에 꽃도 꽂고 경박한 여자처럼 행동한다. 이 또한 일종의 우월 콤플렉스다. 여자가 높은 자리를 차지한 환경에서 자란 남자아이에게 이런 경우가 나타날 수 있다. 아버지가 아닌 어머니의 특징을 모방하며 성장한 것이다.

성적인 문제 때문에 상담하러 온 남자가 있었다. 그는 어렸을 때 어머니와 늘 함께 있었다고 말했다. 아버지는 집에서 별 볼 일 없는 존재였다. 어머니는 결혼하기 전에 양재사로 일했는데 결혼한 후에도 일을 계속했다. 늘 어머니 곁에 있었던 아이는 옷 만드는 일에 관심을 갖게 되었다. 아이는 여성복을 디자인하고 바느질도 해 보았다. 어머니는 매일 4시에 나갔다가 5시에 돌아왔다. 어머니에게 집착에 가까운 관심을 가지고 있었던 아이는 4세 때 이미 시계를 볼 줄 알았다. 아이에게는 어머니가 집으로 돌아오는 걸 보는 게 큰 기쁨이었고, 그래서 그 어린 나이에 시계 보는 법을 깨우치게 되었다.

훗날 아이는 학교에 갔을 때 여자아이처럼 행동했다. 스포츠나 게임은 전혀 하지 않았다. 남자아이들은 그런 그를 놀렸고 심지어 그에게 입을 맞추는 아이도 있었다. 어느 날 학생들은 연극을 무대에 올리기로 했다. 예상대로 이 남자아이는 여자 역할을 맡았다. 아이가 여자 역할을 너무도 잘 소화해, 진짜 여자인 줄 착각하는 관객도 있었다. 관객 가운데 한 사람은 그에게 반하기까지 했다. 이렇게 아이는 남자로서 좋은 평가를 받지 못했지만 여자로서는 매우 훌륭한 평가를 받았다. 하지만 이것이 나중에 성적 문제를 일으키는 시발점이 되었다.

KEY POINT 태도와 행동

• 개인의 현재 태도와 행동에서 원형과 생활 양식을 볼 수 있다.

• 정신적 태도는 타고난 것이 아니라 상황에 대해 생활 양식이 반응한 것이다.

PART 7

삶은 연극,
꿈은 리허설

Dreams and
Their Interpretation

꿈과 꿈의 해석

Sleep is a degree of being awake.
수면은 깨어 있는 상태에 속한다.

1. 꿈도 생활 양식의 일부다

개인 심리학에서는 앞서 여러 번 설명했듯이 의식과 무의식이 하나의 통합체를 이룬다고 본다. 5장과 6장에서는 의식적인 부분, 즉 기억과 태도, 행동 등을 개인의 일부로 여기며 해석했다. 무의식적인 부분이나 반(半)의식적인 부분, 즉 꿈을 해석할 때도 같은 방법을 적용할 수 있다. 의식적인 부분에 적용한 방법을 꿈에도 적용할 수 있는 이유는 꿈도 깨어 있을 때와 같이 전체의 일부기 때문이다. 다른 심리학 학파는 꿈과 관련해 새로운 관점을 찾으려 애쓰고 있다. 하지만 개인 심리학은 인간 정신의 다른 부분들을 이해하는 방식과 똑같은 방법으로 꿈을 이해해 왔다.

깨어 있을 때의 삶이 '우월 추구의 목적'에 의해 결정되는 것처럼 꿈도 '우월 추구의 목적'에 달려 있다. 꿈은 생활 양식의 일부다. 따라서 한 사람의 원형은 꿈 안에서 발견된다. 실제로 원형이 특정한 꿈과 어떤 식으로 관련되어 있는지 파악할 때 비로소 꿈을 이해했다고 말할 수 있다. 어떤 사람을 잘 안다면 그 사람의 꿈이 어떤 특징을 띠는지도 꽤 쉽게 짐작해 낼 수 있다.

인간은 대체로 겁이 많다는 사실을 예로 들어 보자. 이 일반적인 사실로부터 대다수의 꿈이 두려움과 위험, 염려 등에 관한 내용일 것이라고 추측할 수 있다. 어떤 사람의 목표가 삶의 과제를 회피하는 것이라면, 그 사람은 추락하는 꿈을 자주 꾸게 될 것이다. 이런 꿈은 마치 '그렇게 살지 마라. 그러다가 실패하게 된다.'라고 경고하는 것과 같다. 즉 그 사람이 가진 미래에 대한 관점이 추락하는 꿈으로 표현되는 것이다. 우리 가운데 많은 사람이 이처럼 추락하는 꿈을 꾼다.

구체적인 예로 다음 날 시험을 앞둔 학생의 경우를 보자. 이 학생은 흔히 말하듯 중도 포기를 잘 하는 사람이었다. 우리는 이와 같은 상황으로 미루어 앞으로 무슨 일이 벌어질지 짐작할 수 있다. 학생은 하루 종일 염려만 하다가 시험공부에 집중하지 못한 채 결국 이렇게 말했다. "준비할 시간이 너무 부족했어." 시험을 미루고 싶어 하는 이 학생은 아마 추락하는 꿈을 꾸게 될지도 모른다. 그리고 그 꿈은 그의 생활 양식을 표현한다. 현실에 대해 경고해 주는 이 꿈이 그가 삶의 목표에 이르기 위해 해야 할 일을 알려 주고 있기 때문이다.

다른 학생의 경우를 보자. 이 학생은 나름대로 공부도 잘하고, 용기도 있으며, 핑계도 대지 않는 성격이다. 우리는 이 학생의 생활 양식과 성격을 바탕으로 꿈 내용을 추측해 볼 수 있다. 이 학생은 시험을 보기 전에 꿈을 꾸었다. 그는 높은 산의 정상에 올라 눈앞에 펼쳐진 광경에 감탄하다가 잠에서 깨어났다. 이 꿈은 이 학생의 현재 상태를 보여 준다. 우리는 그가 추구하는 삶의 목표가 꿈에 어떻게 반영되어 있는지 알 수 있다.

스스로 한계를 짓는 사람은 어느 지점까지만 나아간다. 이런 부류의 사람은 한계에 관한 꿈, 즉 어려움 속에서 빠져나오지 못하는 꿈을 꾼다. 그리고 가끔씩 누군가에게 쫓기는 꿈을 꾸기도 한다.

다른 유형의 꿈을 살펴보기 전에 한 가지 언급하고 넘어가야 할 사항이 있다. 심리학자들은 "꿈이 기억나지 않아 말씀드릴 게 없네요. 꿈을 지어내야겠어요."라는 말을 들어도 결코 낙심하지 않는다는 점이다. 그들은 공상도 생활 양식에 포함된다는 사실을 잘 알고 있기에 환자가 만들어 낸 꿈도 실제로 기억하고 있는 꿈만큼 가치가 있다고 여긴다. 상상이나 공상도 그 사람의 생활 양식을 드러내 주는 것이기 때문이다.

공상이 말 그대로 한 사람의 실제 삶을 그대로 복사해야지만 생활 양식을 표현할 수 있는 것은 아니다. 현실보다 공상에 빠져 지내는 사람이 있다. 이 사람은 깨어 있는 시간에는 매우 소심하지만 꿈속에서는 꽤 용감해진다. 우리는 항상 이 사람에게서 자신의 일을 마무리하고 싶어 하지 않는다는 징후를 발견할 것이다. 그의 용감한 꿈속에서도 이런 징후는 명백히 드러날 것이다.

2. 예언가는 꿈을 해석하지 못한다

'우월 추구의 목적'을 향해 나아갈 길을 마련해 주는 것이 꿈의 목적이다. 징후와 행동과 꿈은 모두 '우월 추구의 목적'을 발견하기 위한 일종의 훈련이다. 이 목적은 관심을 받거나, 지배를 하거나, 회피하는 것일 수도 있다.

꿈은 논리적이지도 않고 사실적이지도 않다. 다만 어떤 느낌이나 기분, 감정 등을 일으킨다. 또한 꿈은 애매모호해서 완벽하게 풀어낼 수도 없다. 이런 점에서 꿈과 깨어 있을 때 활동은 정도의 차이는 있지만 성격이 크게 다르지는 않다. 사람은 인생의 과제에 대응할 때 기존에 있는 논리를 잘 따르지 않는다. 저마다 지니고 있는 삶의 방식에 따를 뿐이다. 심리학자의 목표는 사람들로 하여금 기존에 있는 논리에 좀 더 따르게 해, 사회적 교제를 돕는 것이다.

원시 사회 사람들에게 꿈은 늘 신비로워 보였다. 그들은 꿈이 다가올 일을 예언한다고 믿었는데, 오늘날의 관점에서 보면 이는 절반만 맞는 생각이다. 꿈꾸는 사람이 직면하고 있는 문제와 이루고자 하는 목표를 연결하는 다리가 꿈이라는 사실은 맞다. 이런 식으로 꿈이 맞아떨어지는 경우가 간혹 있다. 왜냐하면 꿈을 꾸는 사람이 꿈꾸는 동안 자신을 훈련시키고, 그로 인해 그 꿈이 이루어질 수 있는 바탕이 마련되기 때문이다.

달리 말하면, 깨어 있을 때와 마찬가지로 꿈에서도 개인의 문제와 목표가 서로 연결된다. 예리하고 똑똑한 사람이라면 깨어 있을 때의 삶과 꿈속에서의 삶을 모두 분석해 미래를 예견할 수 있다. 그리고 이 행위는 의사가 환자의 병증을 분석해 진단을 내리는 일과 비슷하다. 예를 들어 지인이 죽는 꿈을 꾸었는데 현실에서 실제로 그 사람이 죽었다고 하자. 꿈은 그 사람의 의사나 가까운 친인척이 예측한 것과 크게 다를 바가 없다. 다른 것은 오직 꿈을 꾼 사람이 깨어 있을 때가 아니라 자고 있는 동안 생각을 했다는 것이다.

절반은 맞다는 이유로 꿈을 예언으로 보는 것은 미신이다. 보통 미신을 믿는 사람들은 꿈을 예언으로 보는 데 집착한다. 자신이 예언자라는 인상을 풍기고 싶은 사람들도 꿈을 예언이라고 주장한다.

대부분의 사람들이 자신의 꿈을 이해하지 못하는 이유를 밝혀내면 꿈을 둘러싼 미신이나 수수께끼를 없앨 수 있다. 사실 깨어 있을 때도 자신을 제대로 이해하는 사람은 거의 없다. 이 사실로부터 자기 꿈을 이해하지 못하는 이유를 어느 정도는 파악할 수 있다. 자신이 어디로 향하고 있는지 성찰하고 분석할 줄 아는 사람은 거의 없다. 꿈을 분석하는 일은 깨어 있을 때의 행동을 분석하는 일보다 더 복잡하고 모호하다. 따라서 꿈을 분석하는 일이 보통 사람들의 능력 밖이라는 사실은 당연하다. 이 같은 점을 감안하면 사람들이 무지한 사기꾼이나 돌팔이에게 눈을 돌리는 것도 그리 이상하지 않은 일이다.

3. 감정을 일으키고 행동을 개시하다

깨어 있을 때의 비정상적인 행동, 즉 앞 장에서 살펴본 유형들과 비교한다면 꿈의 논리를 좀 더 수월하게 이해할 수 있을 것이다. 앞에서 범죄자와 문제아, 신경증 환자의 태도를 어떻게 설명했는지 기억날 것이다. 이런 사람들이 스스로에게 어떤 사실을 확신시키기 위해 감정이나 기질, 기분을 어떻게 만들어 내는지도 알고 있을 것이다. 예를 들어 살인자는 "이 인간이 살아 숨 쉴 땅은 없어. 그러므로 난 그를 죽여야만 해."라고 하면서 자신을 정당화한다. 그와 같은 사람이 살 땅이 없다는 점을 강조하면서, 살인을 저지르게 할 감정을 자신 안에 마련해 놓는 것이다.

이런 사람은 누구는 멋진 바지를 입고 있는데 자신은 그러지 못하다는 식의 추론을 펼치기도 한다. 자신이 시기심을 느낄 상황을 만들어 내는 것이다. 그러면 '우월 추구의 목적'이 멋진 바지를 갖는 것이 된다. 여기서 우리는 그 사람이 꿈을 꾼다는 사실을 알 수 있다. 여기서 꿈을 꾸는 것은 목표를 이룰 수 있도록 도와줄 어떤 감정을 스스로 창조해 내는 것을 말한다. 성경에 나오는 요셉의 꿈처럼 우리에게 널리 알려진 꿈을 통해서도 이 사실을 확인할 수 있다. 요셉은 다른 형제들이 자기 앞에서 절을 하는 꿈을 꾸었다. 지금 우리는 이 꿈이 요셉의 채색옷 일화나 형제들이 요셉을 추방한 이야기와 어떻게 맞아떨어지는지 확인할 수 있다.

또 다른 유명한 꿈으로 고대 그리스의 시인 시모니데스(Simonides)의 꿈이 있다. 시모니데스는 강연을 해 달라는 요청을 받고 소아시아로 향하는 길에 올랐다. 배가 항구에서 그를 기다리고 있었지만 시모니데스는 계속 망설이며 여행을 미루었다. 주변 사람들이 여행길에 오르도록 설득했으나 아무 소용이 없었다.

그때 시모니데스는 꿈을 꾸었다. 예전에 숲에서 보았던 어느 죽은 사람이 꿈에 나타나 다음과 같은 말을 했다. "당신이 숲에서 나를 잘 보살펴 주었으니 한 가지 경고해 주겠소. 소아시아로 절대 가지 마시오." 꿈에서 깨어난 시모니데스는 자리에서 일어나 말했다. "나는 소아시아로 가지 않겠소." 하지만 그는 꿈을 꾸기 전에 이미 가지 않겠다고 마음을 정한 상태였다. 단지 이미 내린 결론을 뒷받침할 만한 감정이나 기분을 꿈을 통해 만들어 낸 것뿐이다. 시모니데스가 자신의 꿈을 이런 식으로 이해하지는 않았겠지만 이것은 사실이다.

사람은 자신을 속이기 위해 어떤 공상을 창조한다. 이 공상은 자기가 바라는 감정이나 기분을 일으킨다. 우리가 꾸는 꿈은 대부분 이런 식으로 풀이할 수 있다.

시모니데스의 꿈에 대해 숙고하면 또 다른 측면을 볼 수 있다. 꿈을 해석하는 절차가 보일 것이다. 먼저 꿈은 그 사람의 창조력의 일부라는 사실을 명심해야 한다. 시모니데스는 꿈을 꿀 때 상상력을 이용해 하나의 장면을 만들어 냈다. 그는 죽은 사람과 우연히 마주친 장면을 선택했다. 왜 이 시인은 하필 죽은 사람과 만나는 경험을 선택했을까? 그는 배를 타고 여행하는 게 두려운 나머지 죽음에 대해 많은 생각을 하고 있었을 것이다. 그 무렵 항해는 매우 위험한 일이었으므로 시모니데스 역시 망설였을 것이다. 뱃멀미만 문제가 아니었다. 배가 가라앉을 수도 있다고 생각해 두려웠을 것이다. 시모니데스는 이렇듯 죽음에 대한 생각에 사로잡힌 나머지 꿈에서도 죽은 사람을 선택했던 것이다.

꿈을 이런 식으로 생각하면 꿈을 해석하는 작업이 그리 어렵지 않다. 무엇보다 이미지나 기억, 창조한 공상이 마음이 움직이는 방향을 가리킨다는 점을 기억해야 한다. 선택된 꿈속 장면은 꿈꾸는 사람의 경향을 보여 준다. 따라서 우리는 이 사람이 도달하기를 원하는 목표를 알 수 있다.

한 결혼한 남자의 꿈을 살펴보자. 그는 가정생활에 만족하지 않았다. 아내가 자녀 둘을 제대로 돌보지 않고 다른 일에만 신경 쓰는 게 불만이었다. 남자는 늘 아내에게 불평을 쏟아 내며 아내의 태도를 바꾸어 보려고 했다. 그러던 어느 날 밤 남자는 셋째 아이를 갖는 꿈을 꾸었다. 하지만 아이를 잃어버렸고 찾지 못했다. 남자는 아내가 아이를 돌보지 않아 이런 사태가 벌어졌다며 아내를 탓했다.

여기서 우리는 이 남자의 성향을 관찰할 수 있다. 남자는 두 아이 중

하나가 길을 잃을 수 있다고 생각했다. 하지만 자신의 두 아이가 길을 잃는 꿈을 꿀 용기가 없었다. 그래서 꿈에서 셋째 아이를 만들어 길을 잃게 한 것이다. 이 꿈에서 관찰되는 또 다른 점은 남자가 자녀들을 좋아한다는 것이다. 아이들이 길을 잃지 않기를 원했기 때문이다. 또한 그는 아내가 두 아이만으로도 버거워하므로 셋째까지는 돌볼 여유가 없다고 느꼈다. 그래서 꿈속에서 셋째 아이가 사라졌다. 남자가 셋째를 가져야 하나 말아야 하나 고민하고 있다는 것을 알 수 있다.

이 남자는 꿈을 꾸며 아내에게 맞서는 어떤 감정을 만들어 냈다. 실제 아이를 잃은 건 아니었지만 아내에게 좋지 않은 감정과 기분을 느끼며 잠에서 깨어났다. 이처럼 밤에 꾼 꿈속에서 느낀 감정 때문에 낮에 신경이 날카로울 때가 자주 있다. 이는 중독 상태와 비슷한 것으로서 이 사람은 패배감과 죽음, 상실감에 빠진 환자와 크게 다르지 않다.

남자는 자신이 아내보다 확실히 우월하다고 생각했다. 예를 들어 "나는 아이들을 신경 쓰는데 아내는 그렇지 않다. 그러다가 아이를 잃어버렸다."라고 느꼈다. 꿈에서 남자가 가진 지배하고자 하는 성향이 드러난 것이다.

4. 꿈, 비유과 은유의 예술

꿈을 근대적으로 해석한 지 약 25년이 흘렀다. 처음에 오스트리아의 심리학자 지그문트 프로이트(Sigmund Freud, 1856~1939년)는 꿈을 유아기 성욕의 성취로 보았다. 하지만 나는 이 주장에 동의하지 않는다. 꿈이 유아기 성욕의 성취를 의미하는 것이라면 모든 꿈이 성취로 여겨질 수 있기 때문이다. 이 말대로라면 모든 생각이 잠재의식 깊은 곳에서 의식으로 이동한다. 따라서 이런 견해는 어떤 것도 제대로 설명해 내지 못한다.

훗날 프로이트는 죽음에 대한 욕망이 꿈에 포함되어 있다고 말했다. 하지만 바로 앞에서 예로 든 남자의 꿈은 죽음의 욕망으로는 잘 설명되지 않는다. 아버지가 자기 자식이 길을 잃고 죽기를 원했다고 설명하는 건 무리가 있지 않은가.

꿈을 설명할 만한 특별한 공식은 없다. 앞에서 살펴본 정신생활의 통일성과 정서적인 꿈의 특징을 제외하면 말이다. 꿈의 정서적인 특징과 그에 수반한 자기기만은 다양한 형태로 나타난다. 비유와 은유에 집착하는 데서도 드러난다. 비유를 사용하는 것은 자신과 타인을 속이는 최고의 수단이다. 현실과 논리로는 다른 사람을 설득시킬 수 없다고 느끼는 사람이 비유를 사용하는 것이다. 그 같은 사람은 늘 터무니없는 비유로 타인을 납득시키려고 한다.

시인들도 다른 사람들을 속인다. 물론 유쾌한 방식으로 말이다. 우리는 시인들의 시적 비유와 은유를 즐긴다. 시인들은 비유와 은유를 사용해 일상의 언어가 지닌 영향력 이상으로 우리에게 영향을 끼친다. 예를 들어, 고대 그리스 시인 호메로스(Homeros)가 "그리스 군대가 사자같이 벌판을 달린다."라고 표현했다고 하자. 우리가 정신을 바짝 차리고 있을 때는 이 비유가 우리를 속이지 않을 것이다. 그러나 시적 감성에 젖어 있다면 이 표현이 우리를 도취하게 만들 것이다. 작가는 우리에게 어떤 놀라운 힘을 믿도록 만든다. 그저 군인들이 입고 있는 갑옷이나 들고 있는 무기만 묘사했다면 이런 효과는 얻지 못했을 것이다.

무엇인가를 설명하면서 어려움을 겪는 사람들에게서 이와 똑같은 모습을 보게 된다. 그들은 타인을 설득하지 못할 거라고 생각하면 비유를 사용하는데, 이는 자기기만이다. 꿈에서 비유적인 장면이나 이미지들이 많이 등장하는 게 바로 이런 이유 때문이다. 또한 이것은 자신을 도취시키는 예술적인 방법이기도 하다.

5. 더 이상 꿈을 꾸지 않다

이상하게 들리겠지만 꿈을 꾸는 사람에게 꿈이 정서적인 영향을 끼친다는 사실 자체가 꿈을 멈추게 할 수 있다. 다시 말해, 꿈을 꾼 사람이 꿈의 내용을 이해하고 그 꿈이 자신에게 영향을 끼친다는 사실을 깨달으면 꿈꾸기를 멈출 수 있다. 꿈을 꾸는 것은 더 이상 아무 의미도 갖지 못한다. 적어도 내 경우는 그랬다. 나는 꿈이 의미하는 바를 깨달으면서 꿈을 더 이상 꾸지 않았다.

이 자각을 하려면 철저한 감정 변화가 필요하다. 나는 꿈을 꾸면서 그런 경험을 했다. 제1차 세계 대전이 진행 중일 때 꾼 꿈이다. 나는 깨어 있을 때 어떤 사람을 위험한 전선에 보내지 않으려고 무척 애를 썼다. 꿈에서 누군가를 죽였다는 생각이 들었지만 대체 누구를 죽였는지는 알 수가 없었다. 기분이 나빠져서 "내가 누구를 죽였지?"라고 궁금해했다.

사실 나는 그 군인을 가장 안전한 장소에 머물게 해야 한다는 생각에 빠져 있었다. 꿈에서 느끼는 감정이 나를 자연스럽게 이런 생각으로 이

끌었을 테지만, 나는 꿈이 속임수라는 사실을 깨닫고 나서 그 꿈을 더 이상 꾸지 않았다. 내가 그 일을 하고 싶은지 하고 싶지 않은지는 논리적인 과정을 통해 밝혀질 것이다. 그런 일을 굳이 하려고 스스로를 속일 필요가 없었다.

지금까지 이야기한 내용이 "왜 어떤 사람은 절대로 꿈을 꾸지 않을까?"라는 질문에 답이 될 수도 있다. 꿈을 꾸지 않는 이들은 스스로를 속이고 싶지 않은 사람들이다. 이들은 행동과 논리를 매우 강조하고 문제에 맞서기를 좋아한다. 그리고 꿈을 꾸더라도 금세 잊어버리기 때문에 꿈을 꾸지 않는다고 생각한다.

이는 우리가 항상 꿈을 꾸지만 대부분 망각한다는 이론으로 이어진다. 만약 이런 이론을 받아들인다면 어떤 사람은 절대로 꿈을 꾸지 않는다는 사실 위에 그와는 전혀 다른 구조물을 세우는 꼴이 된다. 즉 '꿈을 꾸지 않는 사람'은 사실상 꿈을 꾸지만 꿈을 늘 망각하는 사람이다. 나는 이 이론을 받아들일 수 없다. 오히려 꿈을 전혀 꾸지 않는 사람도 있고, 꿈을 꾸지만 잊어버리는 사람도 있다고 생각한다. 이 이론은 성격상 반박하기가 쉽지 않을 것이다. 하지만 이 이론을 제기한 사람은 자신의 이론을 입증해야 할 부담을 감당해야 한다.

왜 우리는 같은 꿈을 반복해서 꾸는 것일까? 궁금한 사실이지만 아직까지 이에 관해서는 명확하게 밝혀진 것이 없다. 그러나 반복되는 꿈을 통해 좀 더 분명하게 드러나는 생활 양식을 확인할 수 있고, '우월 추구의 목적'이 무엇인지 정확하게 알 수 있다.

꿈이 길어진다면 이 꿈을 꾸는 사람이 아직 충분한 준비가 되어 있지 않다는 의미다. 다시 말해 문제로부터 목표를 성취하는 쪽으로 건너갈

다리를 찾는 중이다. 이러한 이유로 우리가 가장 이해하기 쉬운 꿈은 짧은 꿈이다. 간혹 어떤 꿈은 한 장면이나 몇 마디의 말로 이루어진다. 이런 꿈은 꿈꾸는 사람이 자신을 속일 쉬운 방법을 찾으려고 애쓰는 중이라는 걸 보여 준다.

6. 수면, 죽음의 사촌?

마지막으로 '수면'에 대해 이야기해 보려고 한다. 많은 사람이 수면에 대해 불필요한 질문을 던진다. 그들은 수면이 깨어 있는 것과 정반대인 상태라고 생각하거나 '죽음의 사촌' 정도로 여긴다. 이러한 견해는 틀렸다. <u>수면은 깨어 있는 상태의 반대가 아니라 깨어 있는 상태에 속한다.</u> 잠이 들었다고 해서 그 시간이 삶과 분리되는 것은 아니다. 잠을 자는 동안에도 생각하고 듣는 등 깨어 있을 때와 똑같은 특징을 보인다. 어떤 소음이 들려도 잠에서 깨지 않던 어머니의 예를 들어 보자. 그녀는 아이가 살짝 뒤척이는 소리에 벌떡 일어났다. 잠을 자는 동안에도 아이에 대한 어머니의 관심이 늘 깨어 있다는 것을 의미한다. 침대에서 떨어지지 않고 잠을 잔다는 사실에서도 우리는 자는 동안 한정된 공간을 인식하고 있다는 점을 알 수 있다.

사람의 모든 성격은 밤낮을 가리지 않고 드러난다. 이 사실이 최면 현상을 설명한다. 미신이 신통력을 지닌 것처럼 보이도록 하는 행위도 일종의 수면에 불과하다. 수면은 어떤 사람이 다른 사람에게 복종하려 하고, 복종하려는 사람이 상대방이 자신을 잠들게 하려고 한다는 사실을 알고 있을 때 이루어진다. 부모가 아이들에게 "밤이 깊었으니 이제 가서 자거라!"라고 말하고, 아이가 그 말에 복종하는 것과 똑같은 상황이다. 최면에 빠지는 것도 최면술사에게 복종하기 때문에 가능하다. 최면술사에게 복종하는 정도에 따라 최면의 강도가 달라진다.

최면에 빠지면 깨어 있을 때 억제되어 있던 장면이나 생각, 기억 등이 떠오른다. 이때 요구되는 것은 오로지 복종뿐이다. 최면술사는 복종을 통해 최면에 걸린 자가 잊고 있었던 옛 기억들을 불러내 그 속에서 어떤 해결책을 찾는다.

하지만 치료 수단으로 최면 요법을 사용하는 일은 위험하다. 나도 최면 요법을 좋아하지 않아서 환자들이 다른 방법을 신뢰하지 않을 때만 사용한다. 최면 요법으로 치료받던 환자가 오히려 앙심을 품을 수도 있기 때문이다. 또한 이 방법으로 치료받은 환자들이 처음에는 스스로 문제를 극복하는 것처럼 보이지만 자신의 생활 양식까지 바꾸지는 않는다. 최면 요법은 약이나 기계적인 수단과 비슷해서 사람의 천성까지는 건드리지 못한다. 환자를 진정으로 돕고 싶다면 용기와 자신감을 심어 주면 된다. 또한 자신의 잘못을 잘 이해할 수 있도록 환자를 이끌어 주어야 한다. 그런데 최면 요법에는 이런 면이 전혀 없다. 따라서 예외적인 경우가 아니라면 최면 요법은 굳이 사용할 필요가 없다.

📺 KEY POINT 꿈과 꿈의 해석

- 기억이나 태도, 행동 등의 의식적인 부분과 마찬가지로 꿈이라는 무의식적인 부분도 생활 양식의 일부다. 꿈에서 원형을 발견할 수 있다.

- 꿈을 꾸는 것은 목표를 이룰 수 있도록 도와줄 어떤 감정을 스스로 창조해 내는 것이다.

PART 8

학교는
아이 마음의 울타리

Problem Children and
Their Education

문제아와 교육

The principal aim of education is social adjustment.
교육의 근본 목표는 '사회적 적응'이다.

1. 학교 교육의 목표는 사회적 적응

우리는 아이들을 어떻게 교육해야 할까? 교육은 현대 사회에서 중요한 문제 가운데 하나이며, 개인 심리학에서도 많은 관심을 두고 있는 주제다. 가정에서든 학교에서든 교육을 통해 개인의 역량을 이끌어 내고 아이들을 올바른 방향으로 인도하려고 노력한다. 이때 심리학이 적절한 교육 방법에 필요한 기초를 마련해 줄 수 있다. 모든 교육은 삶을 위한 심리학적 기술로 볼 수도 있기 때문이다.

먼저 몇 가지 예비적인 내용을 살펴보자. 교육의 가장 일반적인 원칙은 교육이 개인이 앞으로 직면하게 될 삶과 일치해야 한다는 점이다. 이는 교육이 국가의 이상과 일치해야 한다는 의미를 담고 있다. 만약 국가의 이상을 고려하지 않고 교육을 시키면 어떻게 될까? 아이들은 훗날 어려움을 겪게 될 것이다. 또한 사회의 일원으로 바르게 성장하지 못할 수도 있다.

국가의 이상도 시간이 지나면 분명 변한다. 혁명처럼 갑자기 변할 수도 있고, 진화의 과정처럼 점진적으로 변할 수도 있다. 이 말은 교육자가 아주 큰 이상을 품어야 한다는 의미다. 교육자의 이상은 언제나 중심을 지켜야 하고, 동시에 변화하는 환경에 적응해 나가야 한다.

학교가 사회적 이상과 일치해야 하는 이유는 학교가 정부와 연결되어 있기 때문이다. 정부의 영향력 때문에 국가의 이상이 학교 시스템에 반영되는 것이다. 정부는 학생의 부모나 가족과 직접 접촉하지는 않지만 학교를 정부에 이로운 쪽으로 감독한다.

역사적으로 볼 때, 학교는 시대마다 다른 이상을 반영해 왔다. 유럽에서 학교는 원래 귀족 가문을 위해 세워졌다. 그래서 학교는 정신적으로 귀족적이었으며 학교에서는 오직 귀족만 가르쳤다. 그 후 학교는 교회로 넘어가 종교적인 특색을 띠었다. 성직자들만이 교사가 될 수 있었다. 그러다가 시간이 흘러 국가는 학교에 더 많은 지식을 요구했다. 과목 수와 교사 수를 늘려야 했다. 교회가 공급할 수 있는 교사 수에 한계가 있었기 때문에 성직자가 아닌 비종교인들도 교사가 되었다.

현대로 접어들기 전까지는 교사는 가르치는 일만 하지 않고 구두장이나 재단사 등 다른 직업도 겸했다. 이때 교사는 회초리로 체벌하며 가르치는 방법밖에 몰랐다. 따라서 당시 학교는 아이들의 심리적 문제를 해결해 줄 수 있는 곳이 아니었다.

유럽의 교육에 근대적인 정신이 뿌리내리기 시작한 것은 스위스의 교육학자인 요한 페스탈로치(Johann Heinrich Pestalozzi, 1746~1827년)가 등장하면서부터다. 페스탈로치는 회초리와 체벌이 아닌 교수법을 최초로 개발한 교사다.

페스탈로치는 우리에게 가르치는 방법의 중요성을 일깨워 주었다. 페스탈로치는 올바른 방법만 교육에 적용하면 저능아가 아닌 이상 모든 아이들이 읽고 쓰고 노래하고 셈하는 법을 배울 수 있다고 주장했다. 지금 존재하는 교육법이 최선이라고 말할 수는 없다. 좋은 교수법은 늘 개발되고 있고, 사람들은 항상 새롭고 더 좋은 방법을 끊임없이 찾고 있기 때문이다.

이제 유럽 학교 역사로 다시 돌아가 보자. 교수법이 어느 정도 개발된 뒤에는 지속적으로 감독하지 않아도 스스로 읽고 쓰고 셈할 수 있는 노동자에 대한 수요가 늘었다. 이때 '모든 아이를 위한 학교'라는 슬로건이 등장했다. 지금은 모든 아이가 학교에 가야 하는 시대가 되었다. 이는 경제적 여건이 나아지고, 이 여건을 반영한 '이상'을 기반으로 학교가 발전해 온 덕분이다.

예전에 유럽에서는 귀족만이 사회에서 영향력을 행사할 수 있었다. 따라서 관리(官吏)와 노동자만 필요했다. 높은 지위가 예정되어 있는 사람들만 상급 학교에 갔고, 그 밖의 사람들은 아무도 학교에 가지 않았다. 이처럼 교육 제도는 당대의 국가 이상을 반영했다.

오늘날 학교 시스템도 다양한 국가 이상에 부응하고 있다. 이제 아이들이 조용히 앉아 무릎 위에 손을 얹고 부동자세로 교육을 받는 학교는 더 이상 존재하지 않는다. 아이들의 친구가 선생님이라는 말이 등장했다. 아이들은 가르치는 자의 권위에 압박을 받거나 복종을 강요당하지 않는다. 대신 좀 더 독립적인 인격체로 자라도록 교육받는다. 당연히 민주적인 미국에는 이런 학교들이 많다. 학교가 정부의 규제 속에 국가의 이상에 따라 발전하기 때문이다.

학교 시스템과 국가적·사회적 이상은 유기적으로 연결되어 있다. 심리학적 관점에서 보면 이 연결은 학교라는 교육 기관에 큰 이점을 안겨 준다. 심리학적 관점에서 교육의 근본 목표는 '사회적 적응(social adjustment)'이다. 오늘날 학교는 가정보다 아이들 개개인의 사회성을 더 잘 이끌어 낸다. 학교가 국가의 요구에 훨씬 더 크게 부응하고 아이들의 비판으로부터 더 자유롭기 때문이다. 학교는 아이들의 응석을 다 받아 주지 않는다. 대체로 학교는 아이들에게 좀 더 공평한 태도를 취하려고 노력한다.

반면, 가정은 사회적 이상이 항상 깃들어 있는 곳이 아니다. 오히려 전통적인 관념이 가정을 지배하는 경우가 많다. 부모가 스스로 사회에 잘 적응하고 '교육의 목표가 사회적이어야 한다.'라는 인식을 지니고 있을 때에만 가정 교육에 진전이 있다. 이러한 부모 밑에서 자란 아이들이 학교에 들어갈 준비를 제대로 갖추게 된다. 이것이 바로 가정과 학교의 이상적인 모습이다. 이와 더불어 학교 역시 가정과 국가 사이에서 균형을 잘 이루어야 한다.

2. 그래도 학교가 희망이다!

앞에서 이야기한 대로 아이의 생활 양식은 4~5세 때 형성된다. 이후 생활 양식은 직접적인 방식으로는 거의 변하지 않는다. 이 사실을 주목한다면 학교에서는 아이를 비난하거나 꾸짖어서는 안 된다. 대신 아이들이 사회적 관심을 가질 수 있도록 이끌어 주고 교육해야 한다. 학교가 억압이나 검열과 같은 방식으로 운영되던 시대는 이미 오래 전에 지났다. 이제는 아이의 개인적인 문제를 이해하고 해결하는 곳이라는 개념이 바탕이 되어야 한다.

가정에서 부모와 아이는 매우 강하게 결속되어 있다. 그래서 부모는 사회적 관심을 심어 주는 방향으로 아이를 교육하는 일에 종종 어려움을 겪는다. 부모는 자신들이 원하는 쪽으로 아이를 끌고 가려고 하기 때문이다. 그러는 사이 부모는 아이가 훗날 겪게 될 갈등의 씨앗을 뿌린다. 이런 부모 밑에서 자란 아이들은 나중에 큰 어려움에 직면한다. 문제는 아이가 학교에 들어가면서부터 불거진다. 학교를 졸업하고 사회로 나간다고 해도 문제는 더욱 심각해질 뿐이다.

이런 사태를 미연에 방지하기 위해 부모를 교육하는 일이 시급하다. 하지만 쉬운 일이 아니다. 아이를 대하듯 어른을 대할 수 없기 때문이다. 설령 부모들에게 다가간다 해도 그들은 전통에 안주하고 싶어 할 뿐 국가 이상에 관심을 보이거나 이해하려 들지 않는다.

이처럼 부모를 상대로 할 수 있는 일이 많지 않다. 따라서 국가 이상을 각 기관에서 확대하는 쪽으로 관심을 돌려야 한다. 이때 가장 좋은 대상은 바로 학교다. 첫째, 학교에는 많은 아이가 모인다. 둘째, 아이들의 잘못된 생활 양식이 가정보다는 학교에서 더 잘 드러난다. 셋째, 교사들은 누구보다 아이들의 문제를 잘 이해할 수 있는 사람들이다.

3. 우월 콤플렉스에 시달리는 문제아들

심리학자들은 일반적으로 별문제가 없는 아이들에게는 관심이 많지 않다. 여기서도 그런 부류의 아이들은 다루지 않을 것이다. 정상적으로 발달해 사회에 잘 적응하고 있는 아이들은 억압하지 않는 게 최선의 방법이다. 이러한 아이들은 스스로 우월성을 발전시키는 방향으로 삶의 목표를 설정하기 때문에 자신만의 길로 계속 나아가게 하는 게 가장 좋다. 또한 아이들의 우월감은 삶의 유익한 쪽에 있으므로 우월 콤플렉스가 아니다.

반면, 문제아나 신경증 환자, 범죄자 등은 우월감이나 열등감이 무익한 쪽으로 나타난다. 이런 사람들은 열등감에 대한 보상으로 우월 콤플렉스를 드러낸다. 앞서 말한 것처럼 인간은 모두 열등감을 갖고 있다. 하지만 열등감이 사람을 낙담시키고 삶의 무익한 면을 자극하면 열등감은 열등 콤플렉스가 된다.

열등과 우월의 문제는 아이가 학교에 들어가기 전에 가정에서 시작된다. 이때가 생활 양식이 형성되는 시기다. 이 시기의 생활 양식은 성인의 생활 양식과 구별해 '원형(prototype)'이라고 부른다. 원형은 아직 익지 않은 열매와 같다. 만약 이 열매에 문제가 있거나 벌레라도 생기면 아이는 성장 과정에서 많은 어려움과 직면하게 된다.

앞서 살펴보았듯이 신체적 장애로부터 문제가 발생하는 경우가 있다. 이 경우에 열등감의 뿌리는 신체적 장애지만, 여기서 다시 기억해야 할 사실은, 신체적 장애가 아니라 장애에 따른 '사회 부적응'이 문제의 원인이라는 것이다. 장애를 가진 아이에게 충분한 교육의 기회가 제공되어야 하는 이유도 여기에 있다.

아이가 사회에 적응하도록 훈련시킨다면, 신체적 열등은 짐이 아니라 오히려 자산이 될 것이다. 신체적 열등으로 인해 특정 분야에 대해 큰 관심을 가질 수도 있고, 훈련을 통해 계발된 능력이 삶 전체에 좋은 영향을 끼칠 수도 있다. 이러한 관심과 능력이 유익한 쪽으로 발전한다면 개인에게 이보다 대단한 일은 없을 것이다.

신체적 장애에서 좋은 결과를 이끌어 내려면 장애를 가진 아이가 사회적으로 적응하도록 도와주어야 한다. 이를테면 보기만을 좋아하는 아이나 듣기만을 좋아하는 아이가 있을 경우, 교사의 임무는 이 아이가 다른 모든 감각 기관을 사용하는 데 흥미를 갖도록 하는 것이다. 그렇지 않으면 아이는 다른 학생들보다 뒤처지게 된다.

대체로 왼손잡이 아이는 손으로 하는 일이 서툴다. 주변 사람들은 왼손잡이라서 서툴다는 사실을 잘 알아채지 못한다. 그래서 왼손잡이 아이는 가족과 끊임없이 갈등을 겪고, 이 과정에서 공격적인 성향을 갖게 된다. 문제가 여기에서 그치면 다행스러운 경우다. 우울해하거나 신경질을 부릴 수도 있기 때문이다. 이대로 학교에 간다면 아이는 공격적인 사람이 되거나 용기가 부족한 사람이 될 수 있다.

신체적 장애가 있는 아이들 외에도 응석받이로 자란 아이들이 대거 학교로 오면서 문제가 생기기도 한다. 학교의 운영 방식에 따라 교사가 한 아이에게만 항상 관심을 쏟는 게 불가능하기 때문이다. 교사가 마음씨 좋고 다정한 사람이라면 특별히 열정을 기울여 한 아이에게 집중할 수 있을 것이다. 하지만 학년이 올라가면 이 아이는 관심받는 위치에서 쫓겨난다. 우리 문화에서는 어떤 사람이 아무 노력도 하지 않았는데 관심을 받는 것을 좋게 생각하지 않기 때문이다. 따라서 응석받이 아이들의 문제는 시간이 흐르면서 점점 나빠진다.

문제아들은 모두 뚜렷한 특징을 보인다. 무엇보다 삶의 과제에 잘 대처하지 못한다. 또한 자신만을 위해 야심을 품고 주변을 지배하려 하며, 걸핏하면 싸우려 해서 사람들과 적대적인 관계를 맺는다. 문제아들은 삶의 과제에 전혀 관심이 없을 뿐만 아니라 겁도 많다. 어릴 때 응석받이로 자라다 보니 삶의 과제에 대처할 준비가 되어 있지 않은 것이다.

문제아들에게 발견되는 또 다른 특징은 지나치게 조심스럽고 늘 망설인다는 점이다. 그들은 살아가면서 당면하는 문제들을 해결하지 않고 뒤로 미룬다. 혹은 문제 앞에서 정신이 산만해져 일을 제대로 마무리 짓지 못한다.

문제아들의 특징은 가정에서보다 학교에서 더 두드러지게 나타나므로 학교는 아이가 사회에 잘 적응할 수 있는지 판별할 수 있는 좋은 장이다. 가정에서는 아이의 잘못된 생활 양식이 눈에 띄지 않지만 학교에서는 분명하게 나타난다.

응석받이로 자란 아이와 신체적 장애를 가진 아이는 열등감 때문에 살면서 겪는 문제들을 '배제'하려고 한다. 열등감이 문제에 맞설 힘을 빼앗아 가기 때문이다. 학교에서는 문제들을 관리해 주고 아이가 문제를 잘 해결할 수 있도록 이끌어 준다. 따라서 학교는 그저 공부만 하는 곳이 아니라 아이들이 진정한 교육을 경험할 수 있는 장소다.

미움받는 아이의 경우도 살펴보아야 한다. 미움받는 아이들은 보통 실수를 많이 저지른다. 무능력하고 사회에 나갈 준비가 되어 있지 않다. 위에서 열거한 세 가지 유형 가운데 미움받는 아이들이 학교에 들어가면 가장 힘들어 할 것이다.

교사나 교육 당국은 좋든 싫든 이 모든 문제를 이해해야 한다. 그리고 문제를 해결하기 위한 가장 효과적인 방법들을 모색해 학교 행정에 도입해야 한다.

4. 영재는 과연 행복할까?

문제아 외에도 영재라고 불리는 아이가 있다. 그는 몇몇 과목에서 두각을 드러낸다. 그러다 보니 사람들은 이 아이가 다른 과목도 잘할 것이라 생각한다. 영재들은 성격이 예민하고 포부가 큰 편이다. 대체로 주위의 친구들에게 사랑받지 못한다. 주변 친구들은 영재라고 불리는 이 아이가 사회적으로 잘 적응했는지, 다시 말해 함께 잘 어울릴 수 있는 친구인지 아닌지 바로 알아본다. 영재들은 친구들 사이에서 감탄의 대상이지만 사랑받는 존재는 아니다.

많은 영재가 학교생활은 만족스럽게 해 나간다. 하지만 영재가 사회에 발을 들여놓을 때, 그에게는 문제에 대처할 만한 인생 계획이 없다. 그래서 인생에서 중요한 세 가지 문제, 즉 인간관계, 일, 사랑과 결혼 문제에 당면할 때 문제들이 발생한다. 원형이 형성되는 시기에 무슨 일이 일어났는지 이때 나타나는 것이다. 가정에서는 그에게 호의적인 상황이 이어졌다. 이때는 잘못된 생활 양식이 잘 드러나지 않았을 것이다. 하지만 새로운 상황에 처하면 잘못된 생활 양식이 드러난다.

흥미롭게도 이 점을 꿰뚫어 보는 시인이나 작가 들이 있었다. 많은 시인과 극작가 들이 희곡이나 소설에서 영재가 겪는 인생의 우여곡절을 다룬다.

영국의 극작가이자 시인인 윌리엄 셰익스피어(William Shakespeare, 1564~1616년)의 작품에 등장하는 인물 가운데 노섬벌랜드(Northumber -land)라는 사람이 있다. 심리학의 대가기도 한 셰익스피어는 노섬벌랜드를 왕에게 충성하는 인물로 묘사한다. 하지만 노섬벌랜드는 위험에 처하자 왕을 배신한다. 셰익스피어는 인간의 진정한 생활 양식은 어려운 상황에 처할 때 드러난다는 사실을 이해하고 있었다. 물론 어려운 상황 자체가 생활 양식을 낳는 것은 아니다. 생활 양식은 이미 이전부터 형성되어 온 것이다.

영재의 문제에 대한 개인 심리학의 해결책은 다른 문제아들의 경우와 동일하다. 개인 심리학을 연구하는 학자들은 "누구나 어떤 일이든 성취할 수 있다."라고 말한다. 이 말은 영재에게 꽤 민주적인 격언이라 할 수 있다. 늘 다른 사람들의 지나친 관심과 기대에 시달리던 그의 부담을 덜어주는 말이기 때문이다. 이 격언을 받아들이는 사람은 아이를 훌륭하게 키울 수 있고, 그렇게 자란 아이는 자만에 빠지거나 욕심을 지나치게 부리지 않을 것이다. 그리고 자신이 성취한 것이 좋은 훈련과 행운에 따른 결과라고 생각할 것이다.

지속적으로 좋은 훈련을 받으면 아이도 다른 사람이 성취하는 모든 것을 이루어 낼 수 있다. 또 아이가 좋은 훈련과 교육을 받지 못했더라도 교사가 아이들에게 방법을 가르쳐 주면 좋은 결과를 얻을 수 있다.

5. 개인 심리학, 학교 교육의 희망을 말하다

좋은 환경에서 자라지 못한 아이들은 용기를 잃었을지도 모른다. 그러므로 심한 열등감을 갖지 않도록 잘 보호해 주어야 한다. 누구도 열등감을 오랫동안 견뎌 낼 수 없다. 이런 아이들이 학교에서 당하는 어려움은 그전에는 당해 보지 않았던 일이다. 그러니 무단결석을 하거나 학교에 아예 나가지 않는 일이 어느 정도 이해가 된다. 아이들의 입장에서 보면 학교에서 아무 희망을 찾을 수가 없는 것이다. 여기서 우리는 이 같은 아이들의 행동이 지극히 이성적이라는 점에 주목해야 한다. 하지만 개인 심리학에서는 학교에 희망이 없다는 생각을 받아들이지 않는다. 모든 사람이 유익한 일을 할 수 있다. 실수나 잘못은 늘 일어날 수 있는 일이므로 이를 바로잡으면서 얼마든지 앞으로 나아갈 수 있다.

그러나 대체로 이러한 상황이 제대로 다뤄지지는 않는다. 아이가 학교에서 어떤 문제를 겪으면 어머니는 아이를 걱정 어린 시선으로 지켜본다. 아이는 학교에서 성적표를 받거나 선생님에게 꾸지람을 들으면 집에서 다시 혼날까 봐 더 힘들어한다. 집에서는 응석받이로 자라 착하기만 했던 아이가 학교만 가면 나쁜 아이로 돌변하는 경우가 자주 있다. 아이가 가족과 떨어지는 순간 숨어 있던 열등 콤플렉스가 나타나기 때문이다. 응석을 받아 주던 어머니는 아이에게 미움을 사게 된다. 아이는 그동안 어머니에게 속았다고 생각하는 것이다. 아이에게 어머니는 예전의 어머니가 아니다. 어머니가 응석을 받아 준 행동은 새로운 상황이 가져온 불안감 때문에 기억 속에서 사라지고 만다.

집에서는 공격적인 아이가 학교에서는 얌전하거나 기가 눌려 있는 경우가 있다. 어머니는 학교 교사를 찾아와 이렇게 말한다. "애가 하루 종일 제게 매달려 있어요. 그래서 늘 싸우기만 해요." 그러면 교사는 이렇게 대답한다. "학교에서는 하루 종일 꼼짝 않고 얌전히 앉아 있던데요." 이 상황과 반대인 경우도 있다. 어머니가 학교에 찾아와 "우리 애는 집에서 참 조용하고 얌전해요."라고 하면, 교사는 "아이가 반 전체 분위기를 흐려 놓고 있어요."라고 말하는 경우다. 후자의 상황은 쉽게 이해할 수 있다. 집에서는 관심을 집중적으로 받기 때문에 조용하지만 학교에 가면 관심을 받지 못하므로 아이들과 싸우거나 시끄럽게 구는 것이다.

그렇다면 집에서 공격적인 아이가 학교에서는 얌전한 이유는 무엇일까? 여덟 살 난 여자아이가 있었다. 이 여자아이는 학교에서 친구들에게 인기도 많고 반에서 반장도 도맡아 했다. 그런데 아이의 아버지가 의사를 찾아와서는 이렇게 말하는 것이었다. "제 딸아이지만 너무 잔악해요. 폭군이 따로 없습니다. 더 이상 참을 수 없어요." 아버지는 무엇 때문에 이렇게까지 말한 것일까? 아이는 마음이 약한 부모 밑에서 첫째로 태어났는데, 부모가 마음이 약하다 보니 아이에게 고문을 당한 것이다. 동생이 태어나자 이 아이는 위험에 처했다고 생각하고 관심을 얻기 위해 집에서 싸우기 시작했다. 하지만 학교에 가면 칭찬과 관심을 받았기 때문에 굳이 거친 행동을 할 필요가 없었다.

어떤 아이들은 집과 학교에서 똑같이 어려움을 당한다. 가족에게도 혼나고 학교에서도 혼난다. 그 때문에 더 많은 실수를 범한다. 어떤 아이는 집에서나 학교에서나 단정하지 못하다. 이처럼 집과 학교에서 모두 문제가 있다면 지금은 사라지고 없는 것들로부터 원인을 찾아야 한다. 그리고 이 문제를 제대로 파악하기 위해 늘 가정과 학교에서 일으키는 행동들을 모두 고려해야 한다. 아이의 생활 양식과 나아갈 방향을 정확하게 이해하기 위해 모든 부분을 헤아리는 것이 중요하다.

낯선 환경에 잘 적응하는 아이인데도 학교라는 새로운 환경에 잘 적응하지 못하는 것처럼 보이는 경우가 있다. 학교의 교사와 학생 들이 아이에게 적대적인 경우가 이에 해당한다. 유럽에서 있었던 일이다. 돈 많고 자부심이 강한 부모의 등쌀에 못 이겨 귀족 자제들이 다니는 학교에 입학하게 된 평민 아이가 있었다. 아이가 귀족 출신이 아니었기 때문에 반친구들은 아이에게 적대적이었다. 응석받이로 자랐고 가정에서는 잘 적응했던 아이가 갑자기 적대적인 환경에 처하게 된 것이다. 반 아이들이 얼마나 심하게 굴었던지 아이가 참아 내는 게 신기할 정도였다. 대부분 이런 일을 겪는 아이는 집에 오면 한마디도 하지 않는다. 수치심 때문이다. 아이는 침묵으로 일관하며 힘겨운 시간을 보낸다.

이런 아이들은 16~18세가 되면 정신적으로 성장이 멈춘다. 어른스럽게 행동하며 삶의 과제에 당당히 맞서야 할 때에 그 같은 일이 일어나는 까닭은 이들이 용기와 희망을 잃었기 때문이다. 사회적 결함뿐 아니라 사랑과 결혼 문제에도 결함을 드러낸다.

이와 같은 경우에는 어떻게 해야 할까? 이들에게는 에너지를 발산할 만한 통로가 없다. 그들은 세상과 단절되었다고 느끼거나 실제로 단절되어 있다. 다른 사람들에게 고통을 주기 위해 자신을 해칠 수도 있다. 그래서 자살을 선택하기도 하고, 그냥 사라져 버리려고 하기도 한다. 때로는 피난처로 정신 병원행을 택함으로써 그나마 가지고 있던 사회성도 버리고 만다. 또한 일상적인 언어를 사용하지 않고, 사람들에게도 다가가지 않으며, 세상을 향해 늘 반감을 품는다. 이 상태를 '정신 분열증(dementia praecox)' 또는 '정신 이상(insanity)'이라고 한다. 이들을 도우려면 용기를 불러일으킬 방법을 찾아야 한다. 정신 병리학적으로 매우 힘든 환자이기는 하지만 치료가 불가능한 건 아니다.

아이들의 교육 문제는 주로 생활 양식과 관련이 있기 때문에 개인 심리학이 개발한 진단 방법을 살펴보는 것도 의미가 있다. 생활 양식을 진단하는 것은 여러 분야에서 유익하겠지만 특별히 교육 분야에서는 필수적이다.

개인 심리학은 형성기에 있는 아이를 직접적으로 연구하는 방법 외에도 여러 방법을 사용한다. 어린 시절의 기억과 미래의 일을 위한 계획을 묻는다. 또한 아이의 태도나 신체적 반응을 관찰하고 가정 안에서 아이의 위치를 통해 추론한다. 이런 방법에 대해 이미 논의했지만, 다시 한 번 강조할 만큼 매우 중요하다. 이 방법은 다른 방법들에 비해 아이의 교육과 깊은 관련을 맺고 있다.

6. 가정 내 서열이 영향을 미치다

가정 안에서 아이의 서열과 관련해 중요한 점은 첫째 아이가 사랑을 독차지하는 자리에 있다가 그 자리에서 밀려난다는 사실이다. 첫째는 막강한 권력을 누리다가 그것을 잃고 만다. 한편 첫째가 아닌 아이들은 첫째가 아니라는 사실 때문에 심리적으로 영향을 받는다.

첫째 아이는 보수적인 성향이 강하다. 권력은 한번 잡으면 계속 이어가야 한다고 생각하고, 권력을 상실하면 단순한 사고라고 생각한다. 권력에 대한 강한 동경심을 품고 있다.

둘째 아이는 전혀 다른 상황에 처해 있다. 둘째는 주위의 관심을 받기보다 앞서 달리는 선두 주자를 보며 늘 그와 같아지기를 바란다. 그리고 거기서 나아가 첫째가 가진 권력을 인정하지 않고 그 권력을 간절히 손에 넣고 싶어 한다. 또한 그의 모든 행동이 앞선 사람을 따라잡기 위한 몸부림이라고 할 만큼 경주에서 첫째보다 앞서고 싶어 한다. 한편으로는 항상 과학과 자연의 법칙을 뒤집으려고 애쓰고, 사회생활을 할 때나 동료를 대할 때 진정으로 혁명적인 태도를 취한다. 성경에 나오는 야곱(Jacob)과 에서(Esau)의 이야기가 좋은 예라고 할 수 있다.

자녀 몇 명이 거의 다 자란 후에 막내가 태어나면, 막내는 첫째 아이와 비슷한 상황에 처하게 된다.

심리학적 관점에서 보면 막내의 위치는 대단히 흥미로운 자리다. 막내는 당연히 형제 중 가장 어리고 뒤로 동생이 없는 아이를 말한다. 막내는 절대 권력을 박탈당할 일이 없기 때문에 유리한 위치를 점하고 있다. 둘째 아이는 권력을 박탈당할 수도 있고, 간혹 첫째 아이가 겪는 비극을 경험하기도 한다. 하지만 막내에게는 그런 일이 일어나지 않는다. 그러므로 막내가 가장 좋은 위치에 있다. 다른 환경이 동일하다면 형제 중 발전 가능성이 가장 높다.

막내는 활동적이고 어려움을 잘 이겨 낸다는 점에서 둘째와 닮았다. 막내 앞에도 앞서 가고 있는 다른 주자들이 있다. 하지만 보통 막내는 다른 형제와 전혀 다른 길을 간다. 형제 중 누군가 과학자가 되면 막내는 음악가나 사업가가 될 것이다. 가족 중 누군가 사업가가 되면 막내는 시인이 될지도 모른다. 막내는 늘 다른 길을 간다. 같은 분야에서 경쟁하는 것보다 다른 분야에서 자기만의 길을 가는 것이 더 쉽기 때문에 다른 형제들과 같은 길을 가지 않는 것이다. 이는 막내에게 다소 용기가 부족하다는 점을 뜻하기도 한다. 용기가 충분했다면 같은 분야에서 경쟁하는 일을 마다하지 않을 것이다.

가정 안에서의 서열로 아이의 성향을 예측하는 일은 일부분만 파악하는 것임을 지적해 둘 필요가 있다. 이 예측은 필연적이거나 절대적이지 않다. 예외적으로 첫째 아이가 총명하고 뛰어나면 둘째 아이에게 밀리는 비극을 겪지 않을 수도 있다. 이런 아이는 사회적으로 잘 적응할 것이고, 어머니도 이 아이가 동생을 포함한 다른 사람들에게 관심을 확대하도록 교육할 것이다. 한편 이 경우에 첫째에게 밀린 둘째는 큰 어려움을 겪게 될 것이고 문제아가 될 가능성도 있다. 이 경우 둘째는 용기와 희망을 잃게 되므로 가장 나쁜 상황이다. 경기에 나서는 사람은 늘 이길 수 있다는 희망을 품어야 한다. 하지만 그 희망이 사라지면 모든 게 사라지는 것이나 마찬가지다.

외동아이도 비극적인 상황에 처할 수 있다. 어린 시절 내내 가족의 관심을 한 몸에 받아 온 탓에 삶의 목표가 사람들의 관심을 받는 것이 될 가능성이 있기 때문이다. 이런 아이는 논리적으로 생각하기보다 자신만의 생활 양식에 따라 생각한다.

딸이 많은 집에서 아들로 태어난 아이도 힘들 수 있다. 어떤 사람들은 이 아이가 여자아이처럼 행동할 것이라고 예측하는 경우도 있는데, 이는 다소 빗나간 생각이다. 우리 모두는 태어나면서부터 지금까지 여자인 어머니에게 교육을 받고 있지 않은가. 오히려 이 경우, 가족 전체가 딸들을 중심으로 돌아가기 때문에 아들에게 어려움이 발생하기도 한다. 어떤 집에 갔을 때 그 집에 아들이 많은지, 딸이 많은지는 금세 파악할 수 있다. 가구의 종류도 다르고, 들려오는 목소리도 다르며, 전체적인 분위기도 다르다. 아들이 많은 집에는 실제로 파손된 물건이 많은 반면, 딸이 많은 집에는 깔끔하고 환한 분위기가 감돈다.

딸이 많은 집에 사는 아들은 더 남자다워 보이려고 노력한다. 그렇게 하지 않으면 정말 남자아이는 여자아이를 닮게 된다. 다시 말해, 딸이 많은 집의 아들은 성격이 온순하고 섬세하거나 반대로 거칠고 사나울 것이다. 아이가 유난히 거칠게 행동한다면 이는 자신이 남자라는 사실을 증명하거나 강조하는 것이다.

아들이 많은 집의 딸도 마찬가지다. 아주 얌전하고 여성스럽게 자라거나 이와 반대로 남자아이처럼 무엇이든 하려고 덤벼들 수 있다. 남자아이처럼 자라는 경우에는 우월한 남자아이들 사이에서 홀로 여자이기 때문에 열등감을 가지게 된다. 자기만 여자라는 생각 속에서 열등 콤플렉스를 느끼게 되는 것이다. '자기만'이라는 말에 열등 콤플렉스가 고스란히 표현되어 있다. 남자아이처럼 옷을 입거나 훗날 남자 입장에서 성관계를 맺고 싶어 한다면, 그녀 안에서 보상적인 우월 콤플렉스가 발달했다는 사실을 알 수 있다.

마지막으로 첫째가 아들이고 둘째가 딸인 경우를 살펴보자. 이 경우에는 둘 사이에 치열한 경쟁이 일어난다. 딸은 자신이 둘째라는 사실뿐만 아니라 여자라는 사실 때문에 더 고군분투한다. 결과적으로 이 여자아이는 매우 활동적이고 독립심이 강한 둘째 아이의 유형을 더 뚜렷하게 드러낸다.

첫째인 아들은 경주에서 여동생이 가까이에서 자신을 앞지르려고 한다는 사실을 깨닫는다. 여자아이는 남자아이보다 육체적으로나 정신적으로 더 빠르게 성장한다. 예를 들어 12세의 여자아이는 또래의 남자아이보다 모든 면에서 더 발달해 있다. 이 시기에 남자아이는 왜 그런 차이가 발생하는지 알지 못한 채 그저 자신이 열등하다고만 생각하며 경주를 포기하고 싶어 한다. 더 이상 앞으로 나아가려 하지 않고 도피할 곳을 찾는다. 가끔 예술에서 도피처를 찾기도 하지만 신경증 환자나 범죄자, 정신 이상자가 되는 경우도 있다. 이런 아이는 자신이 스스로 경주를 지속할 만큼 충분히 강하다고 생각하지 않는다.

이런 상황에서는 "누구나 어떤 일이든 성취할 수 있다."라는 관점이 통하지 않는다. 우리가 이때 꼭 해야 할 일은 여자아이가 경주에서 앞서는 것은 열심히 노력한 결과라는 사실을 남자아이에게 알려 주는 것이다. 경쟁하는 분위기를 완화시키는 것도 방법이다. 남매를 경쟁이 없는 분야로 인도해 주는 것이다.

KEY POINT 문제아와 교육

- 학교에서는 아이의 심리적 문제를 해결하고 아이가 사회에 잘 적응할 수 있도록 교육해야 한다.
- 어린 시절에 형성되는 '원형'에 문제가 있는 아이는 학교생활에 잘 적응하지 못한다.
- 문제아는 주변 사람들과의 적대 관계를 맺으며 매사에 지나치게 조심하고 망설인다.

PART 9
자라지 않는 어른들

Social Problems and
Social Adjustment

사회적 문제와
사회적 적응

The social question, the question of occupation, and that of love and marriage
인간관계, 직업, 사랑과 결혼

1. 온전한 개인이란 사회에 안긴 사람이다

개인 심리학의 목표는 개인을 사회에 잘 적응시키는 것이다. '개인' 심리학의 목표가 '사회'에 적응시키는 것이라니, 역설처럼 보인다. 하지만 용어상의 역설일 뿐이다. 개인의 구체적인 심리에 주의를 기울이면 사회적 요소가 얼마나 중요한지 깨닫게 된다. 개인은 오로지 사회적 맥락 안에서 온전한 개인이 된다. 다른 심리학 학파에서는 '개인의 심리학'과 '사회의 심리학'을 엄격히 구분한다. 하지만 개인 심리학의 입장에서 볼 때이런 구분은 불가능하다. 지금까지 우리는 개인의 생활 양식을 분석하는데 집중했다. 하지만 이 분석은 개인을 사회에 적응시키기 위해 사회적관점에서 이루어졌다.

이제부터는 '사회적 적응'에 대한 문제에 집중해서 이야기를 이어 나갈 것이다. 논의의 대상인 현실은 앞서 살펴본 바와 동일하다. 그러나 생활 양식을 진단하기보다, 실제 행동으로 나타나는 생활 양식에 더 집중해 살펴보겠다. 또한 어떻게 하면 행동을 더 올바른 방향으로 바로잡아 갈 수 있을지 방법을 모색해 보고자 한다.

사회 문제 분석은 8장의 주제인 교육 문제 분석과 직결된다. 학교나 유치원은 일종의 작은 사회다. 우리는 이곳에서 사회 부적응에 관한 문제를 연구해 볼 수 있다.

먼저 5세 남자아이의 행동에 관한 문제를 살펴보자. 어머니가 의사를 찾아가 아들이 차분하지 못하고 너무 활동적이며 문제투성이라고 하소연한다. 어머니는 그런 아들을 돌보느라 하루를 정신없이 보내고 결국 녹초가 되어 버린다. 그녀는 아들을 더 이상 건사하기 힘들어서 괜찮다면 도움을 받을 수 있는 기관에 보낼 생각까지 하고 있다.

이 경우에 우리는 아이의 행동을 자세히 살펴보고 그 아이와 '동일시'되어야 한다. 즉 우리가 그 아이의 자리로 가야 한다는 말이다. 5세 아이가 지나치게 활동적이라면, 우리는 그 아이의 행동 방식을 쉽게 상상해 볼 수 있다. 우리가 매우 활동적인 5세 아이로 돌아가면 어떤 행동을 하게 될까? 더러운 신발을 신고 탁자 위로 올라가거나 이리저리 정신없이 돌아다닐 것이다. 어머니가 책을 읽으라고 하면 불을 껐다 켰다 하며 장난을 칠 것이다. 부모가 피아노를 치면서 같이 노래를 부르자고 하면 아이는 어떤 반응을 보일까? 아마도 노래는 안 부르고 고래고래 고함만 지를 것이다. 피아노 소리가 시끄럽다며 귀를 막을 수도 있다. 아이는 자기가 바라는 것을 얻지 못하면 떼를 쓴다. 그러면 늘 원하던 것을 얻는다.

유치원에서 아이의 행동을 관찰해 보면 아이는 늘 친구와 싸우려 할 것이다. 우리는 그 모든 행동이 싸움을 걸기 위한 행위라는 사실을 알게 된다. 아이는 밤낮을 가리지 않고 부산하게 움직이기 때문에 부모는 늘 지쳐 있다. 아이는 부모와 달리 자기가 원하지 않은 일을 할 필요가 없으므로 절대 지치지 않는다. 그저 부단히 돌아다니며 다른 사람의 관심을 차지하려 들 뿐이다.

아이가 관심을 받기 위해 분투하고 있다는 사실을 보여 주는 특별한 사건이 있었다. 어느 날 아이가 콘서트장에 가게 되었다. 그곳에서 아이의 어머니와 아버지가 악기를 연주하며 노래를 부를 예정이었다. 그런데 콘서트가 시작하고 부부가 한창 노래를 부르는 와중에 갑자기 아이가 "아빠, 아빠!"라고 외치며 콘서트장을 이리저리 돌아다녔다. 어린아이이므로 충분히 그럴 수 있는 상황이었다. 하지만 아이의 부모는 그런 행동을 이해하지 못했다. 아이가 정상적으로 행동하는데도 아이를 비정상으로 간주했다.

하지만 여기까지는 정상적인 행동이다. 아이는 뛰어난 계획을 가지고 있었고, 그 계획과 일치하게 행동했다. 그 또래 아이의 계획만 보고도, 이 계획에 어떤 행동이 뒤따를지 충분히 짐작할 수가 있다. 아이는 지적 장애아가 아니다. 지적 장애를 가진 아이라면 이처럼 뛰어난 인생 계획을 세울 수가 없다.

아이의 어머니가 집에 손님을 초대하면 아이는 꼭 손님이 앉은 의자를 빼앗아 그 자리에 자신이 앉곤 했다. 이런 행동 또한 삶의 목표나 원형과 관련 있다는 점을 알 수 있다. 아이의 목표는 다른 사람보다 우위에 서고, 그들을 지배하며, 항상 부모님의 관심을 독차지하는 것이었다.

아이가 응석받이로 자라 왔으므로 다시 응석을 받아 주면 싸움을 하지 않을 것이라고 판단할 수 있다. 말하자면 그 아이는 자신에게 유리한 상황을 잃었던 것이다.

아이는 어쩌다가 자신에게 유리한 상황을 잃게 된 걸까? 답은 바로 동생이 생긴 것이다. 이 아이는 5세 때 새로운 상황에 처해 왕좌를 잃은 후 다시 그 자리를 찾기 위해 고군분투하는 중이었다. 아버지와 어머니의 관심이 자신에게로만 쏠리도록 애썼다. 또 다른 이유는 아이가 새로운 상황에 적응할 준비가 전혀 되어 있지 않았다는 점이다. 응석받이로 자라다 보니 공동체 감각이라는 것이 전혀 개발되지 않았고, 따라서 당연히 사회적으로 적응하지 못했다. 결과적으로 아이는 자신에게만 관심이 있고 자신의 안위밖에 몰랐던 것이다.

어머니에게 아이가 동생에게 어떻게 행동하는지 물었다. 아이가 동생을 좋아하지만 놀 때마다 동생을 넘어뜨린다고 했다. 이 행동은 동생에 대한 애정 표현이라고 볼 수는 없다.

이 행동이 의미하는 바를 제대로 이해하려면 싸움을 잘하지만 늘 하지는 않는 아이의 경우와 비교해 보아야 한다. 이런 아이는 영리해서 쉬지 않고 싸움만 하지는 않는다. 그렇게 하면 부모가 싸움을 하지 못하게 할 줄 알고 있기 때문이다. 아이는 이따금 싸움을 하지 않고 착한 행동을 보인다. 그러나 옛 버릇이 다시금 나타난다. 동생과 놀다가 동생을 넘어뜨린다는 아이처럼 말이다. 아이가 동생과 같이 노는 이유는 사실 동생을 넘어뜨리기 위해서다.

그러면 동생을 넘어뜨린 뒤에 아이는 어머니에게 어떤 행동을 보일까? 어머니가 아이의 엉덩이를 때리려고 하면 아이는 웃으며, 때려 보았자 아무 소용없다고 말한다. 어머니가 좀 더 세게 때리면 그때는 잠깐 조용한 모습을 보이다가 잠시 후에 다시 싸움을 걸기 시작한다. 여기서 알 수 있는 사실이 있다. 아이의 목표에 따라 아이의 모든 행동이 정해진다. 모든 것은 그 목표를 향한다. 아이의 행동은 방향이 확실하므로 충분히 예측할 수 있다. 그러나 이때 아이의 원형이 완성되지 않았거나, 아이의 원형이 추구하는 목표를 모른다면, 아이의 행동을 예측하기는 어려울 것이다.

이 아이가 가정이라는 테두리를 처음으로 벗어나 유치원에 들어갔다고 가정해 보자. 콘서트장에서 어떤 일이 일어날지 예측해 볼 수 있었던 것처럼 유치원에서도 무슨 일이 벌어질지 예상할 수 있다. 실제로 아이는 예상대로 행동했다. 대체로 느슨한 환경에서는 지배하려 할 것이고, 힘든 환경에서는 지배하려고 싸울 것이다. 유치원 교사가 엄한 사람이면 아이가 유치원에 머무는 시간이 짧아질 수도 있다. 이런 상황에 처하면 아이는 주변을 속일지도 모른다. 아이는 계속 긴장하고 그로 말미암아 두통이나 불안 증세 등을 보일 수 있다. 이 같은 징후들은 신경증의 초기 증상이다.

반면, 주변 환경이 호의적이고 괜찮으면 아이는 관심을 독차지하고 있다고 생각한다. 이런 환경에서는 아이들 사이에서 대장이 되기도 한다.

우리도 알고 있듯이, 유치원도 사회 문제가 발생하는 일종의 사회 조직이다. 따라서 개인은 문제에 대처할 준비가 되어 있어야 한다. 공동체의 규칙을 따라야 하기 때문이다. 아이는 이 작은 공동체에서 유익한 사람이 될 수 있어야 한다. 그러나 이때 자신보다 타인을 더 생각하지 않으면 공동체에 유익한 사람이 될 수 없다.

공립 학교에 들어가도 상황은 마찬가지다. 이런 부류의 아이들에게 어떤 일이 일어날지 충분히 상상할 수 있다. 사립 학교에 들어가면 사정은 조금 달라질 수도 있다. 사립 학교는 한 학급에 학생 수가 상대적으로 적어 교사가 학생 각자에게 좀 더 많은 관심을 쏟을 수 있기 때문이다. 이런 환경에서는 아이가 문제라는 사실을 눈치 채지 못할 수도 있다. 대신 반 친구들이 이렇게 말할 것이다. "이 친구가 우리 반에서 제일 똑똑하고 뛰어나요." 아이가 반에서 최고가 된다면 우월해지는 것만으로도 만족을 느끼게 될 것이다. 그렇게 되면 가정에서도 행동이 바뀔 것이다.

학교에 입학한 후 아이의 행동이 개선되었다면 아이가 우호적인 상황에 있거나 우월감을 느끼고 있다고 보면 된다. 하지만 그 반대인 경우가 대부분이다. 집에서 사랑을 많이 받고 순종적인 아이들이 학교에 들어가 학급 분위기를 망쳐 놓는 경우가 많다.

앞 장에서 학교가 가정과 사회의 중간 지점에 있다고 설명했다. 이 공식을 적용해 보면 이런 유형의 아이가 앞으로 사회에 나갔을 때 어떻게 될지 이해할 수 있을 것이다. 인생을 살다 보면 아이가 학교에서 경험했던 것과 같은 호의적인 상황이 그렇게 자주 찾아오지 않는다. 가정과 학교에서 뛰어났던 아이들이 사회에 나가 쓸모없는 존재가 되는 것을 보면서 사람들은 이해할 수 없다는 반응을 보인다. 이런 아이들이 나중에 신경증을 앓거나 심하면 정신 이상 증상을 보일 수 있다. 누구도 이런 상황을 이해하지 못한다. 성인이 되기 전까지 실제 원형이 호의적인 환경에 가려져 있었기 때문이다.

이 때문에 <u>우리는 호의적인 환경에 가려져 있는 잘못된 원형을 찾아내는 법을 배워야 한다.</u> 이것이 힘들다면 적어도 잘못된 원형이 존재한다는 사실만이라도 알아야 한다. 실제로 숨어 있는 원형을 찾아내는 일은 쉽지 않기 때문이다. 원형이 잘못되었다는 것을 보여 주는 몇 가지 신호가 있다. 타인의 관심을 원하면서 정작 타인에게는 관심이 없는 아이는 행동이 어수선하다. 어수선하게 행동하면서 다른 사람들의 시간을 빼앗는다. 밤에 잠을 자지 않고 울거나 이불에 오줌을 싸기도 한다. 아이는 다른 사람을 자신에게 복종하도록 만드는 데 무엇보다 훌륭한 무기가 '불안감'이라는 사실을 잘 알고 있다. 따라서 자신의 목적을 위해 어른들의 불안감을 이용한다. 이 모든 신호는 호의적인 상황에서도 나타난다. 따라서 우리는 이런 신호들을 찾아내 좀 더 정확한 결론을 내려야 한다.

2. 인생의 세 과업을 정복하려면?

잘못된 원형을 지닌 이 남자아이가 자라서 17~18세가 되었다고 하자. 이 아이 앞에는 인생의 '미개척지'가 광활하게 펼쳐져 있다. 그러나 이 미개척지가 앞으로 어떻게 개척될지는 아무도 모른다. 한 아이의 인생 목표와 생활 양식을 미리 내다보는 것은 매우 어렵다. 분명한 점은 이 아이도 다른 사람들처럼 언젠가는 인생의 중요한 문제들과 부딪혀야 한다는 것이다. 인생에는 인간관계, 직업, 사랑과 결혼이라는 세 가지 중요한 과제가 있다. 인간관계에는 타인을 대하는 행동과 인류를 대하는 자세 등이 포함되는데, 이 문제는 인류의 보존 및 구원과도 관련이 있다. 인간의 생명은 유한해서 함께 힘을 합쳐야 살아 나갈 수 있기 때문이다.

직업에 관해서는 아이가 학교에서 보여 준 행동을 통해 판단할 수 있다. 자신이 우월하다고 생각해 그에 걸맞은 직업을 찾는다면 일을 구하기가 쉽지 않을 것이다. 다른 사람 밑에 속하지 않거나 누군가와 함께 일하지 않는 직업은 찾기 어렵다. 아이는 자신의 안위만 생각하기 때문에 누군가에게 종속된 채 일하는 것을 어려워한다. 더구나 이런 사람은 기업의 이익을 위해 자신의 이익을 포기하지 못하기 때문에 직장에서 신뢰할 만한 사람이 되지 못한다.

일의 성공은 사회적 적응에 달려 있다고 볼 수 있다. 이웃과 고객이 원하는 것을 이해하는 것은 굉장한 장점이다. 그들이 보는 대로 보고, 그들이 듣는 대로 들으며, 그들이 느끼는 대로 느끼는 것도 마찬가지다. 이러한 장점을 지닌 사람들은 늘 직장에서 앞서가게 마련이다. 그러나 잘못된 원형을 지닌 아이는 언제나 자신의 이익만 추구하고 자신에게 필요한 부분만 개발해 온 탓에 실패자가 되고 만다.

그런 사람들은 대부분 직업을 가질 준비가 제대로 되어 있지 않아 직업을 얻는 데 큰 어려움을 겪는다. 30세가 되어도 무엇을 해야 할지 몰라 공부하는 분야나 일하는 분야를 매우 빈번히 바꾼다. 이는 그가 어떤 길에도 적합하지 않다는 사실을 보여 주는 것이다.

가끔 17~18세의 젊은이가 무엇을 해야 할지 몰라 헤매는 경우를 본다. 이때 이 사람의 성향을 이해하고 알맞은 직업을 선택할 수 있도록 조언해 주는 것이 중요하다. 그러면 처음부터 무언가에 관심을 갖고 스스로 훈련해 나갈 것이다.

물론 17~18세에 이르도록 무엇을 하고 싶은지 모른다는 사실은 당혹스럽다. 이 유형의 사람은 그동안 이루어 본 것이 많지 않다. 가정이나 학교에서 아이가 이 나이가 되기 전에 장래 직업에 대해 관심을 갖도록 도움을 주어야 한다. 학교에서는 "장래에 무엇을 하고 싶은가?"라는 주제로 글쓰기 과제를 내 줄 수도 있다. 이런 주제로 글을 써야 한다면 아이들은 직업이라는 문제에 대해 숙고하게 될 것이다. 이렇게라도 하지 않으면 아이들은 직업에 관해 생각해 보지도 못한 채 나이만 먹게 된다.

젊은이들이 직면해야 할 마지막 문제는 바로 사랑과 결혼이다. 인간이 남자나 여자로 살아야 하는 한 이 사안은 중요한 문제일 수밖에 없다. 우리가 모두 동성이라면 문제는 아주 달라졌을 것이다. 하지만 성은 두 종류이므로 이성을 대하는 법을 배워야 한다. 다음 장에서는 사랑과 결혼에 대해 길게 이야기할 것이다. 이 장에서는 사랑과 결혼이 사회적 적응과 어떤 관계가 있는지만 알면 된다.

인간관계와 직업에 적응하지 못하는 것은 사회적 관심이 부족하기 때문이다. 사회적 관심 부족은 이성과의 제대로 된 만남을 방해하는 원인이기도 한다. 철저히 자기중심적인 사람은 결혼에 필요한 준비를 제대로 하지 못한다. 실제로 성적 본능의 중요한 목적 가운데 하나는 개인을 좁은 공간에서 꺼내 사회에서 살 수 있도록 준비시키는 것이다. 심리학 관점에서 볼 때도 성적 본능은 절반 정도 충족시켜야 한다. 자신을 잊고, 보다 넓은 세상에 합류할 준비가 되어 있지 않다면 성적 본능은 제 기능을 할 수 없을 것이기 때문이다.

이제 지금까지 살펴본 이 남자아이에 대해 몇 가지 결론을 내릴 수 있을 것이다. 우리는 그가 인생에서 가장 중요한 세 가지 문제 앞에서 낙심하고 패배할까 봐 두려워하는 모습을 보았다. 또한 '우월 추구의 목적'을 가진 그가 가능하면 인생의 모든 문제를 외면하려 하는 모습도 보았다. 그렇다면 그에게 남은 것은 과연 무엇일까? 그는 사회생활도 하지 못하고 타인에게 적대적이어서 은둔 생활을 할 수밖에 없을 것이다. 타인에게 관심이 없기에 다른 사람이 자신을 어떻게 보는지 신경 쓰지 않을 것이고, 그래서 더러운 누더기를 걸치고 다닐지도 모른다. 다른 사람들의 눈에 그는 마치 정신 이상자처럼 보일 것이다. 언어는 사회적으로 반드시 필요하다. 하지만 이 남자아이는 말을 하고 싶어 하지 않는다. 말을 전혀 하지 않는 것은 정신 분열증 환자에게 나타나는 특징이기도 하다.

자신과 삶의 과제 사이에 벽을 쌓고 고립된 사람이 갈 곳은 정신 병원밖에 없다. 그는 자신의 '우월 추구의 목적' 때문에 다른 사람들로부터 고립된 생활을 하게 되었고 성욕도 변형시켰다. 그때부터는 더 이상 정상적인 사람이 아니다. 그는 또한 간혹 천국을 향해 날아가려 한다든지 자신이 예수 그리스도나 중국 황제라고 주장했다. 이를 통해 자신의 '우월 추구의 목적'을 표현한 것이다.

자주 언급했듯이 삶의 모든 문제는 결국 사회적 문제다. 이 문제는 유치원과 학교, 친구 관계, 정치, 경제생활 등에서 두루 나타난다. 따라서 우리의 모든 능력은 인류에게 유익한 방향으로 초점이 맞추어져야 한다.

3. 학교는 길게 뻗은 가정의 손

사회 부적응은 원형에서 비롯하기 때문에 늦기 전에 이 문제를 바로잡을 수 있는 방법을 반드시 찾아야 한다. 부모가 큰 실수를 예방하는 방법과 원형에서 드러나는 잘못을 진단해 바로잡는 방법을 안다면 큰 도움이 될 것이다. 하지만 이런 방법으로도 얻는 것은 많지 않다. 배워서 잘못을 피하겠다고 나서는 부모들도 거의 없다. 부모들은 심리학이나 교육학에 관심이 많지 않다. 오히려 아이의 응석을 받아 주지 않거나 아이를 무

결점의 결정체로 바라보지 않는 사람들에게 반감을 가질 것이다. 이외의 부모들은 아이에게 전혀 관심이 없는 경우에 속한다. 따라서 부모들에게는 많은 것을 기대할 수 없다. 부모들에게 짧은 시간 안에 많은 내용을 가르치는 것도 불가능하고, 알고 있어야 할 사항들을 조언하는 데도 많은 시간이 소요된다. 이보다는 차라리 의사나 심리학자 들을 찾는 편이 훨씬 낫다.

의사나 심리학자의 고유한 일이 아니라면, 학교와 교육을 통해 최선의 결과를 얻어 낼 수 있다. 잘못된 원형은 아이가 학교에 들어가기 전에는 잘 나타나지 않는다. 개인 심리학의 방법을 잘 아는 교사는 단시간 안에 아이의 잘못된 원형을 파악해 낼 수 있다. 누가 다른 아이들과 잘 어울리는지, 누가 앞에 나서서 다른 사람들의 관심을 받으려고 하는지 파악할 수 있다. 누가 용기가 있고 누가 용기가 부족한지도 알아볼 수 있다. 이 방면에 능력이 특히 뛰어난 교사는 일주일 안에 아이들의 잘못된 원형을 포착할 수 있다.

사회적 기능이 강조되는 직업의 특성상, 교사는 아이들의 잘못을 바로잡는 데 필요한 자질을 더 잘 갖추고 있다. 인류가 학교를 세운 이유는 가정에서 사회적 요구를 충분히 만족시킬 만큼 자녀들을 교육하기가 어려웠기 때문이다. 학교는 길게 뻗은 가정의 손과 같다. 아이는 학교에서 인격을 형성하고 삶의 문제와 맞서는 법도 배운다.

이제 필요한 것은 학교나 교사가 교육이라는 임무를 수행하는 데 필요한 심리학적 통찰력을 갖추는 일이다. 앞으로는 학교도 분명 개인 심리학의 원리에 따라 운영될 것이다. 학교의 진정한 목적은 학생 개개인의 건강한 인격을 형성하는 데 있기 때문이다.

KEY POINT 사회적 문제와 사회적 적응

- 개인 심리학의 목표는 개인을 '사회에 잘 적응하도록 만드는 것'
  이다.
- 인생에는 인간관계, 직업, 사랑과 결혼이라는 세 가지 중요한 과
  업이 있다. 이 과업의 성공 여부는 '사회적 적응'에 달려 있다.
- 사회 부적응도 잘못된 원형에서 비롯한다. 이를 바로잡기 위해서
  는 학교에서 심리학적 통찰력을 지니고 있는 훈련된 교사를 활용
  해야 한다.

PART 10

고립되지 않을 용기

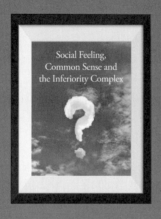

Social Feeling,
Common Sense and
the Inferiority Complex

사회적 감수성, 상식,
열등 콤플렉스

Success is dependent on courage.
성공은 사람의 용기에 달려 있다.

1. 사람은 누구나 사회적 감수성을 가지고 있다

앞에서 사회 부적응은 열등감과 우월하고자 하는 욕구에서 비롯했다는 사실을 확인했다. 열등 콤플렉스와 우월 콤플렉스라는 용어 자체에 이미 부적응이라는 의미가 내포되어 있다. 물론 이 콤플렉스들이 생식 세포나 혈액에 들어 있는 것은 아니다. 두 콤플렉스들은 개인이 사회 환경과 상호 작용하는 과정에서 나타나는 것이다. 그렇다면 콤플렉스가 모든 사람에게 나타나지 않는 이유는 무엇일까?

모든 사람은 열등감을 지니고 있고 어느 정도는 성공과 우월성을 추구한다. 이것들은 정신생활을 구성하는 요소다. 하지만 **사람들 대부분이 열등감과 우월감을 심리적 메커니즘에 따라 사회적으로 유용하게 사용한다. 콤플렉스가 사람들 모두에게 나타나지 않는 이유다.** 여기서 심리적 메커니즘이란 사회적 관심, 용기, 사회성, 상식의 논리 등을 말한다.

그러면 이제 열등감과 우월감 메커니즘의 순기능과 역기능을 살펴보도록 하자. 열등감이 심하지 않으면 아이는 자신을 가치 있는 사람으로 여기고 유익한 삶을 살아갈 것이다. 이런 아이는 자신의 목표를 이루기 위해 타인에게 관심을 갖는다. 이때 '사회적 감수성(social feeling)'과 '사회적 적응'은 당연하고도 정상적인 보상이다. 이 경우 우월함을 추구하면서 발전하지 못하는 것이 오히려 이상한 일이다. 진심으로 "나는 다른 사람에게 관심이 없어."라고 말하는 사람은 아무도 없다. 어떤 사람은 세상에 전혀 관심이 없는 것처럼 행동하지만 정말 그런지는 알 수 없다. 오히려 이 사람은 사회에 잘 적응하지 못한다는 사실을 감추려고 타인에게 관심이 있다고 주장한다. 이것이 바로 '사회적 감수성'이 보편적이라는 사실을 보여 주는 무언의 증거다.

2. '만약'이라는 말에 숨지 않기

그런데도 사회에 적응하지 못하는 사람들이 나타난다. 사회 부적응이 어떻게 시작하는지 알아보기 위해 먼저 증세가 미미한 환자들의 사례들을 살펴보기로 하자. 열등 콤플렉스가 있지만 호의적인 환경 덕분에 겉으로 드러나지 않은 사례들이다. 이와 같이 증세가 미미한 사람들은 열등 콤플렉스를 숨기거나 적어도 숨기려는 경향을 보인다. 어려움에 직면하지 않는다면 꽤 만족하며 사는 것처럼 보일 것이다. 하지만 면밀히 관찰하면 말에서는 드러나지 않더라도 태도에서 열등감이 나타나는 것을 확인할 수 있다. 이것이 바로 열등감이 지나쳐서 나타나는 열등 콤플렉스다. 열등 콤플렉스로 힘들어 하는 사람들은 자기중심적인 태도로 인해 생긴 무거운 짐들로부터 벗어나고 싶어 한다.

이들이 열등 콤플렉스를 숨기는 방법을 관찰하는 일은 흥미롭다. 반면, "난 열등 콤플렉스 때문에 힘들어."라고 고백하는 사람도 있다. 열등 콤플렉스를 고백하는 사람들은 자신이 고백했다는 사실에 우쭐해한다. 콤플렉스를 숨기는 사람보다 자신이 더 훌륭하다고 느끼는 것이다. 그들은 이렇게 말한다. "난 정직해. 내가 겪는 고통의 이유를 숨길 필요 없잖아." 그런데 열등 콤플렉스를 고백하면서 자신이 처한 어려움이나 이런 상황을 불러온 다른 환경에 대해서도 언급한다. 부모나 가족, 불우한 교육 환경, 사고, 해고, 압박 등이 그런 예라고 할 수 있다.

열등 콤플렉스는 이에 대한 보상으로 생긴 우월 콤플렉스에 의해 가려지는 경우가 종종 있다. 우월 콤플렉스를 가진 사람들은 거만하고 무례하며 속물근성이 있어서 행동보다는 겉모습에 더 신경을 쓴다.

이런 유형의 사람들은 초기에 무엇인가를 이루려고 애쓸 때 일종의 무대 공포증을 앓는다. 그러고 나서 이 공포증을 모든 실패의 원인으로 삼는다. 그들은 "만약 무대 공포증만 없었다면 못할 게 없을 텐데."라고 말하곤 하는데, 이 '만약'이라는 말 뒤에 바로 열등 콤플렉스가 숨어 있다.

열등 콤플렉스가 있으면 조심스러운 태도를 보이거나 세세한 일에 지나치게 얽매인다. 또한 더 큰 문제들을 배제하고, 수많은 원칙과 규제의 제약을 받는 좁은 분야를 추구한다. 지팡이에 의존하는 것은 열등 콤플렉스가 있다는 증거다. 그들은 자신을 믿지 못하고 이상한 쪽으로 관심을 발달시킨다. 신문이나 전단지 등을 수집하는 등 늘 사소한 일로 바쁘다. 이런 식으로 시간을 낭비하면서 항상 핑계를 댄다. 이처럼 쓸모없는 일로 자신을 훈련하는 일이 오래 지속되면 이 사람은 강박 신경증에 걸리게 된다.

3. 용기를 잃으면 상식도 잃는다

보통 문제아들은 겉으로 드러나는 문제의 유형이 무엇이든 열등 콤플렉스를 가지고 있다. 가령 게으름은 콤플렉스의 신호. 게으름을 피우는 것은 실제로 인생의 중요한 임무를 배제하는 것이기 때문이다. 물건을 훔치는 일은 다른 사람이 부재한 상황이나 보안에 취약한 상황을 악용하는 것이고, 거짓말하는 것은 진실을 말할 용기가 없다는 뜻이다. 아이들에게서 나타나는 이 모든 징후의 핵심에는 열등 콤플렉스가 있다.

열등 콤플렉스가 심해지면 신경증이 생긴다. 불안 신경증에 시달리는 사람이 무슨 일을 해낼 수 있을까! 그는 계속해서 누군가의 도움을 받기 위해 애를 쓴다. 누군가 자신을 도우면 목적이 달성된 것이다. 이처럼 신경증 환자는 타인이 자기를 돕고 자신의 문제에 몰두하게 만든다.

여기서 우리는 열등 콤플렉스가 우월 콤플렉스로 넘어가는 과정을 관찰할 수 있다. 남이 내 시중을 든다! 타인이 자신의 시중을 들게 함으로써 신경증 환자는 스스로 우월한 존재가 된다. 정신 이상자도 이와 비슷한 과정을 거친다. 정신 이상자는 열등 콤플렉스 때문에 마땅히 해야 할 일을 못해 어려움을 겪는다. 하지만 상상 속에서는 자신을 대단한 사람으로 만들어 성공을 만끽한다.

열등 콤플렉스가 심한 사람들이 사회 안에서 유익한 삶을 살지 못하는 이유는 용기가 부족하기 때문이다. 그들은 용기가 부족해 사람들과 어울려 지내지 못할 뿐만 아니라 나아가 사람들과 어울려 지내야 할 필요성조차 느끼지 못한다.

이는 범죄자의 행동에서도 분명히 나타난다. 범죄자는 열등 콤플렉스의 매우 적절한 예다. 이들은 소심하고 우둔한데, 소심함과 사회적 우둔함은 결국 같은 성향의 두 가지 표현이다.

알코올 의존증도 이와 비슷한 맥락에서 분석할 수 있다. 알코올 의존증자는 문제에서 벗어나고 싶어 하지만 겁이 많아 삶의 무익한 쪽에서 위안을 얻는 데 만족한다.

이런 사람들의 생각은 정상인들의 상식과는 뚜렷한 대조를 보인다. 예를 들면, 범죄자들은 변명을 하거나 다른 사람을 탓한다. 자신이 돈을 벌 수 없는 노동 환경에 대해 목소리를 높이고, 자신을 도와주지 않는 사회를 잔혹하다고 욕하기도 한다. 아니면 목구멍이 포도청이라고 변명한다. 판결을 내릴 때 이들은 아동 살해범 히크먼(Hickman)처럼 핑곗거리를 찾는다. "저 높은 곳에서 내린 명령이었어." 어떤 살해범은 이렇게 말하기도 한다. "그 애 하나 죽었다고 왜들 난리야? 세상에 아이들이 얼마나 많은데." 때로는 철학자 같은 범죄자도 있다. 그들은 많은 사람이 굶어 죽는 상황에서 돈 많은 늙은 여자 하나쯤 죽는 건 나쁘지 않다고 주장한다.

이 주장들의 논리는 참으로 빈약하고 어처구니없다. 용기가 없어 사회적으로 무익한 목표가 생기게 된 것처럼 무익한 목표 때문에 이러한 세계관이 형성된 것이다. 그들은 늘 자신을 정당화하는 일에 매달려야 한다. 반면, 삶에 유익한 목표를 지닌 사람들은 굳이 변명거리를 찾을 필요가 없다.

사회적 태도와 목표가 어떻게 반사회적으로 변하는지 몇 가지 임상 사례를 통해 살펴보자. 첫 번째는 14세 여자아이의 사례다. 아이는 정직한 부모 밑에서 성장했다. 근면 성실한 아버지는 가족을 열심히 부양하다가 그만 병에 걸리고 말았다. 어머니는 성품이 선하고 정직했으며 여섯 자녀에게 많은 사랑을 쏟았다. 첫째 아이는 똑똑한 딸이었는데 12세에 죽고 말았다. 둘째 딸도 병에 걸렸지만 나중에 회복해 직장을 구하고 가족의 생계를 도왔다.

셋째가 바로 이 사례의 주인공이다. 이 아이는 늘 건강했다. 어머니는 아픈 딸들과 남편을 돌보느라 이 아이에게 신경 쓸 틈이 없었다. 이 아이 이름을 앤(Anne)이라고 부르겠다. 앤에게는 남동생이 있었는데 똑똑했지만 역시 몸이 좋지 않았다. 그래서 앤은 사랑받는 두 형제 틈에 끼여 있는 느낌이었다. 앤은 착한 아이였지만 자신이 그들만큼 사랑받지 못한다고 생각했다. 무시당하고 억압받는 느낌이 든다고 불평했다.

학교에서 앤은 공부를 꽤 잘하는 우등생이었다. 선생님은 계속 공부할 것을 권했고, 앤은 13세에 고등학교로 진학했다. 그런데 고등학교에서 만난 담임 교사는 앤을 그다지 좋아하지 않았다. 앤은 고등학교에 입학한 후 초반에는 뛰어난 학생이었지만 자신에 대한 평가가 좋지 않자 성적이 점점 나빠졌다. 예전에 다니던 학교에서 선생님에게 칭찬을 들었을 때까지만 해도 문제아는 아니었다. 오히려 성적도 좋았고 반 친구들에게 인기도 많았다. 하지만 심리학자가 당시 광경을 보았다면 뭔가 잘못되어 가고 있다고 느꼈을 것이다. 앤은 늘 친구들을 비난하고 지배하려고 했다. 항상 돋보이고 싶어 하고 관심의 대상이 되고자 했다. 누구에게도 절대 나쁜 평가를 받고 싶어 하지 않았다.

앤의 삶의 목표는 타인에게 인정과 사랑과 돌봄을 받는 것이었다. 그녀는 그 일이 가정에서는 불가능하고 학교에서만 가능하다는 사실을 깨달았다. 그런데 새로 진학한 학교에서 타인에게 인정받는 길이 막혀 버렸다는 사실을 알게 되었다. 학교 선생님은 수업 준비를 제대로 안 했다고 앤을 혼냈고 그녀에게 나쁜 점수를 주었다. 며칠 후 앤은 무단결석했다. 그녀가 학교에 돌아왔을 때 상황은 더 악화되어 있었다. 선생님은 결국 앤을 퇴학시키려고 했다.

학교에서 아이를 퇴학시켜서 얻을 수 있는 건 아무것도 없다. 이런 조치는 학교나 교사가 문제를 해결할 능력이 없음을 고백하는 것이나 마찬가지다. 어떻게 해야 할지 모르면 문제를 해결할 만한 다른 사람을 불러야 한다. 학부모를 불러 상담한 후 앤을 전학 보낼 수도 있고, 그녀를 잘 이해할 수 있는 교사를 찾아볼 수도 있다. 하지만 앤의 담임 교사는 이런 식으로 생각하지 못했다. 다만 다음과 같이 생각했다.

"무단 결석을 하는 학생은 퇴학 처리를 하는 게 마땅하다." 담임 교사의 이 같은 생각은 지극히 개인적인 논리일 뿐, 일반적인 상식은 아니다. 교사라면 무릇 상식을 잘 갖추고 있어야 하는데도 말이다.

이후 무슨 일이 벌어졌는지 짐작할 수 있을 것이다. 앤은 마지막 희망까지 잃게 되자 모두가 자신을 버렸다고 생각했다. 학교에서 퇴학당한 일 때문에 앤이 가족에게 받았던 얼마간의 인정도 사라지고 말았다. 앤은 가정과 학교를 떠나 며칠간 잠적했다. 그리고 나중에 어느 군인을 만나 사랑에 빠졌다.

우리는 앤의 행동을 쉽게 이해할 수 있다. 그녀의 삶의 목표는 사람들에게 인정받는 것이었다. 그녀는 지금까지는 나름대로 인생의 유익한 편에서 자신을 발전시켜 왔다. 하지만 지금은 무익한 편에 서게 되었다. 앤이 만난 군인은 처음에는 그녀를 인정해 주고 좋아했다. 하지만 한참 뒤에 가족이 앤으로부터 받은 편지에는 그녀가 지금 임신 중이고 독약을 먹고 죽고 싶다는 내용이 담겨 있었다.

가족에게 편지를 쓴 행동에는 인정받고 싶어 하는 앤의 특징이 그대로 투영되어 있다. 앤은 마침내 집으로 돌아왔다. 그녀는 어머니가 절망에 빠진 나머지 자신을 꾸짖지 않을 것이라는 사실을 알았다. 그리고 가족이 자신이 돌아온 것만으로도 기뻐할 것이라 생각했다.

이런 환자들을 대할 때는 '동일시'가 무엇보다 중요하다. 여기에 인정받고 싶어 하고 한 가지 목표를 향해 달려가는 사람이 있다고 하자. 이때 그 사람과 동일시하려면 "내가 저 사람의 입장이라면 어떻게 할까?"라고 자문해 보아야 한다. 그 사람의 성(性)과 나이도 고려해야 한다. 우리는 항상 그 사람의 인생이 올바른 방향으로 나아갈 수 있도록 격려해야 한다. 우리는 앤이 이렇게 말할 수 있도록 도와야 한다.

"전학을 가는 게 좋겠어. 그렇다고 내가 뒷걸음치는 건 아니야. 내가 공부를 충분히 안 했을 수도 있어. 너무 내 감정과 생각만 내세우느라 선생님을 이해하지 못했을지도 몰라."

만약 용기를 불어넣는다면 그 사람은 올바른 방향으로 스스로를 단련할 것이다. 열등 콤플렉스에 시달리는 사람이 용기까지 부족하면 삶은 황폐해진다.

다른 사람이 앤의 처지가 되었다고 가정해 보자. 이를테면 앤 또래의 남자아이였다면 범죄자가 되었을지도 모른다. 그런 사례들은 간혹 찾아 볼 수 있다. 학교에서 용기를 잃으면 폭력 조직의 일원이 되기도 하는데, 이런 행동은 쉽게 이해할 수 있다. 희망과 용기를 잃으면 게으름을 피우기 시작한다. 변명거리를 만들어 내고 숙제도 하지 않을 것이다. 그러다 무단결석을 하고 숨어 지낼 곳을 찾다가 자신과 처지가 비슷한 사람들을 만나 쉽게 폭력 조직의 일원이 될 것이다. 결국에는 학교와 영영 멀어지고 자기가 하고 싶은 대로 생각하게 될 것이다.

4. 성공은 재능보다 용기에 달렸다

열등 콤플렉스는 가끔 특별한 재능이 없다는 생각과 연관되기도 한다. 이 생각에는 재능을 타고난 사람도 있고 그렇지 못한 사람도 있다는 뜻이 담겨 있다. 이런 관점 자체가 열등 콤플렉스를 드러낸다. 개인 심리학에서는 "누구나 어떤 일이든 성취할 수 있다."라고 말한다. 소년이나 소녀가 이 격언을 따르다가 절망에 빠져 삶의 올바른 쪽에서 목표를 성취할 수 없다고 느낀다면 열등 콤플렉스가 있다는 신호다.

타고난 특성에 대한 믿음도 열등 콤플렉스의 일부다. 이 믿음이 진리라면, 즉 성공이 철저히 타고난 재능에 달려 있다면 심리학자가 할 수 있는 일은 아무것도 없다. 실제로 성공은 사람의 용기에 달려 있다. 심리학자의 임무는 절망감을 유익한 일을 해낼 수 있는 희망으로 바꾸는 것이다.

16세가량의 청소년들이 학교에서 쫓겨난 일을 비관해 자살하는 경우가 있다. 자살은 일종의 복수 행위다. 사회를 고발하는 행위인 것이다. 자살은 또한 상식이 아닌 지극히 개인적인 논리로 자신의 뜻을 관철하는 것이다. 이런 상황에서는 자살을 고민하는 아이를 설득하고 올바른 방향으로 나아갈 수 있도록 용기를 불어넣어야 한다.

다른 사례들도 많다. 집에서 사랑받지 못한 11세 여자아이의 사례를 보자. 아이는 다른 형제들이 더 많이 사랑받는 것을 보면서 가족이 자기를 원하지 않는다고 느꼈다. 그래서 화를 잘 냈고 말도 잘 듣지 않았다. 이 사례는 간단하게 분석할 수 있다. 아이는 인정받지 못한다고 느꼈다. 처음에는 사랑을 받으려고 분투했지만 나중에는 희망을 잃어버렸고, 어느 날부터는 물건을 훔치기 시작했다.

개인 심리학에서는 아이가 물건을 훔치는 행동을 범죄보다는 스스로를 풍요롭게 만드는 행위로 본다. 결핍을 느끼기 때문에 이런 식으로 스스로의 가치를 높이는 것이다. 물건을 훔치는 행위는 가정에서 겪는 애정 결핍과 절망의 결과다. 우리는 주변에서 아이들이 박탈감을 채우기 위해 물건을 훔치기 시작하는 것을 쉽게 볼 수 있다. 물론 아이들이 느끼는 박탈감이 사실에서 비롯한 것이 아닐 수도 있다. 하지만 박탈감 같은 감정이 행동의 심리적 원인인 점은 분명하다.

또 다른 사례는 8세 남자아이의 경우다. 아이는 사생아로 태어나 양부모와 함께 살고 있었다. 양부모는 아이를 잘 돌보지 않았고 교육도 제대로 시키지 않았다. 가끔 어머니가 사탕을 주었는데, 그게 아이의 유일한 기쁨이었다. 사탕이 떨어지면 불쌍한 아이는 굉장히 힘들어했다. 어머니는 나이 많은 남자와 결혼해 딸을 하나 낳았는데, 그 딸이 아버지의 유일한 낙이었다. 아버지는 딸의 응석을 계속 받아 주었다. 부부는 남자아이를 밖으로 내보내지 않았다. 아이에게 돈을 쓰지 않기 위해서였다. 남편은 일하고 집으로 돌아올 때면 어린 딸을 위해 사탕을 사 가지고 왔다. 그러나 남자아이의 것은 없었다.

그때부터 남자아이는 사탕을 훔치기 시작했다. 박탈감을 느꼈기 때문에 사탕을 훔쳐 자신을 풍요롭게 하고 싶었던 것이다. 아버지는 사탕을 훔친다는 이유로 아이를 때렸지만 아이는 계속해서 사탕을 훔쳤다. 누군가는 아이가 아버지의 체벌에도 불구하고 용기를 보여 준 것이라고 생각할 수도 있지만 사실은 그렇지 않다. 아이는 매번 발각되지 않을 것이라 생각했다.

이 경우는 진정한 가족이라는 것이 무엇인지 한 번도 느껴 보지 못한 아이의 사례다. 이 남자아이는 미움받는 아이였다. 우리는 이 아이를 교육해야 하고, 아이에게 가족 구성원으로 살 수 있는 기회를 주어야 한다. 아이가 다른 사람의 입장에서 생각하는 법을 배우면 사탕을 훔칠 때 양아버지가 느끼는 마음과 여동생이 느끼는 마음을 이해하게 될 것이다. 우리는 다시금 이 경우를 통해 사회적 감수성의 결여, 이해심의 결여, 용기의 결여가 합쳐져 열등 콤플렉스를 형성한다는 사실을 알게 된다. 이 경우는 미움받는 아이가 가진 열등 콤플렉스를 설명하고 있다.

KEY POINT 사회적 감수성, 상식, 열등 콤플렉스

• 사회 부적응이나 반사회적인 태도는 열등 콤플렉스에서 시작한다.

• 열등 콤플렉스를 가진 사람들은 타인 앞에 서는 걸 두려워하고 지나치게 조심스러운 태도를 보이며 지극히 사소한 것에 얽매인다.

• 열등 콤플렉스가 심한 사람들이 타인과 어울려 지내지 못하는 이유는 사회적 감수성과 타인에 대한 이해심, 용기가 부족하기 때문이다.

PART 11
존경보다 평등

사랑과 결혼

This fundamental give-and-take is the important thing.
근본적인 상호 평등이 중요하다.

1. 사랑에도 준비가 필요하다

사랑과 결혼을 준비하는 가장 좋은 방법은 공동체의 유익한 일원이 되고 사회적으로 잘 적응하는 것이다. 이와 같은 기본적인 준비와 함께 어린 시절부터 성인이 되기까지 성적 본능에 대한 훈련도 제대로 받아야한다. 이 훈련은 결혼과 가정 안에서 성적 본능을 충족시킨다는 목적을 갖고 있다. 사랑과 결혼이라는 영역에서의 능력이나 성향 역시 어린 시절의 원형에서 비롯한다. 한 사람이 지니고 있는 원형의 특징을 관찰함으로써 아이가 어른이 되어 겪게 될 어려움을 예측해 볼 수 있다.

사랑과 결혼에서 마주하는 문제들은 일반 사회에서 겪게 되는 문제와 성격이 같다. 사랑과 결혼에서도 같은 어려움과 같은 임무가 있다는 뜻이다. 사랑과 결혼을 모든 걸 마음대로 할 수 있는 낙원으로 생각하는 것은 잘못이다. 사랑과 결혼에도 임무가 있으며, 이 임무도 타인의 유익을 먼저 생각하는 가운데 이루어져야 한다.

사랑과 결혼에서는 사회적 적응 이상으로 상대에 대한 '공감', 즉 나 자신을 상대방과 동일시하는 능력이 요구된다. 오늘날 가족을 꾸릴 준비가 제대로 된 사람들이 많지 않다는 말은 결국 다른 사람의 입장에서 보고 듣고 느끼는 법을 배운 사람들이 많지 않다는 뜻이다.

앞에서 자신에게만 관심을 갖고 타인은 전혀 신경 쓰지 않는 유형을 주로 살펴보았다. 이런 유형의 사람은 육체적·성적 본능이 성숙하다고 해도 하룻밤 사이에 자신의 인격을 바꾸지 못한다. 더불어 사회생활을 위한 준비를 하지 못하는 것처럼 사랑과 결혼에 대한 준비도 제대로 하지 못할 것이다.

사회적 관심은 천천히 발달한다. 어릴 때부터 사회적 관심을 갖도록 훈련된 사람과 삶의 올바른 방향을 추구하는 사람만이 실제로 '사회적 감수성'을 얻는다. 따라서 어떤 사람이 이성과 함께 살아갈 준비가 되어 있는지의 여부를 파악하는 일은 그리 어렵지 않다.

삶의 유익한 측면과 관련해 우리가 관찰했던 것을 기억하기만 하면 된다. 삶의 유익한 측면에 있는 사람은 용기와 자신감이 있다. 그는 살아가면서 마주하는 문제들을 직시하면서 해결할 방법을 찾는다. 주변에 동료들과 친구들이 있고 이웃과도 잘 지낸다. 이렇지 않은 사람은 신뢰하기 어렵다. 뿐만 아니라 사랑과 결혼에 대한 준비가 되어 있다고 보기도 힘들다.

반면, 직업을 갖고 있고 순탄하게 직장 생활을 하는 사람이라면 결혼 준비가 어느 정도 된 사람이라고 판단해도 좋을 것이다. 우리는 작은 신호를 통해 사람을 판단한다. 이 작은 신호는 그 사람이 사회적 관심을 갖고 있는지 여부를 알려 주므로 매우 중요하다.

사회적 관심의 특징을 이해하면 사랑과 결혼 문제가 완전한 평등이라는 기초 위에 서야 만족스럽게 해결될 수 있다는 사실을 알 수 있다. 이처럼 근본적인 상호 평등이 중요하다. 한 사람이 상대방을 존중하는 일은 그리 중요하지 않다. 사랑에도 종류는 많지만 사랑 그 자체로는 아무것도 해결하지 못한다. 사랑이 온전히 유지되고 결혼 생활이 성공적이려면 참된 평등이 바탕을 이루어야 한다.

남자든 여자든 결혼한 후에 상대를 정복하려고 하면 그 결과는 치명적일 것이다. 정복자가 되겠다는 마음가짐으로 결혼을 꿈꾸는 것은 바람직한 준비가 아니다. 결혼한 뒤에 벌어질 일을 상상해 보면 이 말이 무슨 의미인지 이해할 수 있을 것이다. 정복자가 존재할 수 없는 곳에서 정복자로 군림한다는 것은 불가능하다. 결혼 생활에는 타인에 대한 관심과 타인의 입장에서 이해할 수 있는 능력이 필요하다.

2. 이상형은 어린 시절에 정해진다

이제 결혼할 때 특별히 필요한 준비에 무엇이 있는지 알아보자. 이미 살펴보았듯이 성적으로 끌리는 본능과 관련된 사회적 감수성을 훈련하는 일이 결혼 준비에 포함된다. 대부분의 사람들은 어린 시절에 마음속으로 좋아하는 이상형을 그린다.

남자아이의 경우에는 어머니가 이상형에 영향을 끼칠 수 있다. 아들이 어머니와 비슷한 유형의 배우자를 찾는 경우는 흔한 일이다. 그러나 불행히도 아들이 어머니와 좋지 않은 긴장 관계에 있다면 아들은 어머니와 반대 유형의 여자를 찾을 것이다. 아들과 어머니의 관계는 나중에 결혼할 여자와 밀접한 관련이 있다. 따라서 우리는 아이의 이상형에 대해 눈매, 얼굴 생김, 머리카락 색깔 등 세세한 것까지 짐작해 볼 수 있다.

어머니가 아들을 지배하고 억압했다면 아이는 사랑하고 결혼할 시기가 되어도 용기 있게 이성에게 다가가지 못할 것이다. 이런 경우에 아이의 이상형은 가녀리고 순종적인 여자가 될 가능성이 크다. 남자가 싸우기 좋아하는 유형이라면 결혼한 뒤에도 아내와 자주 싸우고 아내를 지배하려고 할 것이다.

사람이 사랑 문제에 직면하면 어린 시절에 보였던 조짐들이 더욱 두드러지고 확대된다. 특히 열등 콤플렉스에 시달리던 사람이 성적인 문제에 맞닥뜨릴 때 어떻게 행동할지 쉽게 상상해 볼 수 있다. 이들은 스스로 약하고 열등하다고 생각하기 때문에 다른 사람의 도움을 원한다. 이런 유형의 남자는 어머니 같은 여성을 원한다. 때로는 자신의 열등에 대한 보상으로 사랑과는 정반대쪽을 선택하기도 한다. 거만하고 무례하며 공격적인 모습을 보이기도 한다. 남자가 용기를 갖추지 못했다면 선택에 많은 제약을 느낄 것이다. 살벌한 전투에서 승리자가 되는 일을 명예롭게 생각해 싸우기 좋아하는 여자를 만날지도 모른다.

남녀 상관없이 이런 식으로는 결코 사랑과 결혼에 성공할 수 없다. 열등 콤플렉스나 우월 콤플렉스를 충족시키기 위해 이성을 희생양으로 삼는 일은 참으로 어리석다. 하지만 현실에서는 이런 일이 비일비재하게 일어나고 있다. 이 일들을 자세히 살펴보면 자신들이 찾고 있던 짝을 희생자로 삼는 경우를 많이 볼 수 있다. 많은 사람들이 이성 관계가 이런 식으로 악용된다는 사실을 이해하지 못한다. 한 사람이 정복자가 되려고 하면 상대방도 정복자가 되고 싶어 하기 마련이다. 그러다 보면 결혼 생활 자체가 유지되기 힘들다.

어떤 사람은 배우자를 고를 때 예상치도 못한 선택을 할 때가 있다. 이는 열등 콤플렉스를 충족시키려는 경우다. 이 사람은 허약하거나 병든 사람, 나이 든 사람을 배우자로 선택한다. 이런 유형의 배우자가 다루기 쉬울 것이라 생각하기 때문이다. 가끔 결혼 생활에서 어떤 문제와도 부딪치고 싶지 않아 유부남이나 유부녀를 배우자로 찾는 사람도 있다. 한 번에 두 사람을 사랑하는 사람도 있다. 이는 앞에서도 설명했듯이 "두 사람이 한 사람보다 못할 수도 있기" 때문이다.

앞에서 우리는 열등 콤플렉스에 시달리는 사람이 직업을 바꾸고 문제에 직면하지 않으며 일을 제대로 끝내지 못하는 모습을 보았다. 이 사람은 사랑 문제에서도 비슷한 모습을 보일 것이다. 유부남 혹은 유부녀를 사랑하거나 한 번에 두 사람을 사랑하는 것은 그 사람이 여태껏 습관처럼 되풀이하면서 형성한 성향을 만족시키는 방법이다. 이외에도 약혼 기간을 너무 오래 잡거나 끊임없이 구애만 하는 사람도 있다. 이 경우에는 결혼까지 가지 않는다.

응석받이로 자란 아이들은 결혼 생활에서도 응석받이의 모습을 보인다. 배우자가 자신의 응석을 받아 주길 바라는 것이다. 이런 상황에서 비롯한 관계는 연애할 때나 결혼 초반에는 별문제 없이 유지될 것이다. 하지만 나중에는 복잡한 상황이 벌어진다.

응석받이로 자란 두 남녀가 결혼했을 때는 상황이 더욱 심각하다. 남녀 모두 상대방이 자신의 응석을 받아 주길 원하기 때문이다. 물론 어느 누구도 응석을 받아 주는 위치에 놓이려 하지 않는다. 두 사람 모두 주고 싶지는 않고, 받기만 하려는 상황이다. 그러고 나서 상대방에게 이해받지 못한다고 느낀다.

어떤 사람이 오해를 사거나 행동에 제약을 받으면 열등감을 느끼며 그 자리에서 벗어나고 싶어 할 것이다. 이런 감정은 결혼 생활에 특히 좋지 않다. 극단적인 절망감은 결혼 생활에 치명적인 타격을 입히고 부부에게 서서히 복수심을 일으킨다. 한쪽이 배우자의 삶을 망치려 하는 것이다. 가장 일반적인 방법은 바람을 피우는 것이다. 외도는 복수 행위다. 외도하는 사람은 사랑이나 정서 타령을 하면서 자신을 정당화한다. 하지만 우리는 이미 감정과 정서의 본래 가치를 알고 있다. 정서는 언제나 '우월 추구의 목적'과 일치한다. 따라서 단순히 정서를 어떤 일을 논증하는 데 사용하면 안 된다.

응석받이로 자란 여자가 있었다. 이 여자와 결혼한 남자는 자신이 형들의 그늘에 가려져 있다고 생각했다. 남자는 외동딸인 여자의 차분하고 온화한 성격에 마음이 끌렸다. 여자는 늘 인정받고 사랑받길 바라는 사람이었다. 둘 사이에 아이가 생길 때까지 결혼 생활은 꽤 행복했다. 하지만 아이가 생기면서 상황은 크게 달라졌다. 아내는 남편의 관심을 받길 원했으므로 아이가 그 자리를 차지하는 게 두려웠다. 따라서 아내는 아이를 낳으면서도 그리 행복하지 않았다. 남편 역시 아내가 자신보다 아이를 더 사랑하지 않을까 염려했다.

결국 남편과 아내는 서로를 의심하는 지경에 이르렀다. 부부는 아이 돌보기를 게을리하지 않았다. 그런대로 좋은 부모였다. 하지만 두 사람 모두 서로에 대한 자신의 사랑이 머지않아 식을 것이라 생각했다. 이 생각은 매우 위험하다. 한쪽이 상대방의 말과 행동, 동작과 표정을 샅샅이 살피려고 나서기만 하면, 애정이 식어 간다는 증거를 도처에서 발견할 것이기 때문이다. 결국 사례의 부부는 서로에게서 각자 이 증거를 발견했다.

남편은 휴가를 얻어 여행지인 파리에서 즐거운 시간을 보냈다. 아내는 출산 후 몸조리를 하면서 아이를 돌보고 있었다. 남편은 파리에서 아내에게 편지를 썼다. 즐거운 시간을 보내고 있고 다양한 부류의 사람들을 만나고 있다는 내용이었다.

아내는 그 편지를 읽으며 남편이 자기를 잊고 있다고 느꼈다. 예전처럼 행복하지도 않았고 우울증에 시달렸으며 나중에는 광장 공포증(agoraphobia, 넓은 장소에 혼자 있을 때 까닭 없이 두려움을 느끼는 증세 — 역주)으로 고통받아야 했다. 더 이상 혼자서는 외출도 할 수 없었다. 여행에서 돌아온 남편은 항상 아내와 동행해야 했다.

이제 적어도 겉으로는 아내가 자신의 목표, 즉 남편의 관심을 받는 데 성공한 듯 보인다. 하지만 바람직한 형태는 아니었다. 아내는 광장 공포증이 사라지면 남편의 관심도 함께 사라질 것이라 생각했기 때문이다. 그래서 아내는 계속해서 광장 공포증에 시달렸다.

아내는 이 병을 앓고 있는 동안 의사도 자신에게 많은 관심을 쏟는다는 사실을 알았다. 의사의 보살핌으로 아내는 전보다 많이 좋아졌다. 아내는 의사에게 호감을 느꼈다. 상태가 호전되어 더 이상 의사를 만날 일이 없어졌을 때, 아내는 의사에게 그동안 감사했다는 내용의 편지를 보냈다. 의사로부터 답장이 오지 않자, 아내의 병은 심각해졌다.

아내는 남편에게 복수하기 위해 다른 남자들과 몰래 사귀려고 했다.

하지만 광장 공포증 때문에 불륜을 저지를 수가 없었다. 혼자서는 외출도 할 수 없어 남편과 늘 동행해야 했기에 외도 계획은 실패로 끝났다.

결혼 생활을 하며 잘못을 무수히 저지르는 사람들이 있다. 이들에게 조언이 과연 필요할까? 이런 잘못은 어린 시절에서 비롯했다. 원형을 발견하고 바로잡는다면 그릇된 생활 양식을 바꿀 수도 있다. 따라서 개인 심리학의 방법을 이용해 결혼 생활에 도움을 줄 수 있는 상담 센터를 세우는 일도 고려해 볼 만하다. 센터에서 일하는 사람은 개인의 삶에서 일어나는 일들이 어떻게 일관되게 연결되는지 이해해야 한다. 또한 조언을 구하는 사람의 입장에 공감하고 이 사람과 동일시할 줄 아는 능력을 갖춘 사람이어야 한다.

이 상담 센터에서 다음과 같이 이야기하지는 않을 것이다. "두 분은 의견이 일치하지 않는군요. 계속 다투시기만 하고요. 이혼하시는 게 좋겠습니다."

이혼이 무슨 소용인가? 이혼한 후에 어떤 일이 벌어지는가? 이혼한 사람은 보통 다른 사람과 결혼을 다시 해도 동일한 생활 양식을 고수한다. 한 번 이혼한 사람이 이후에도 이혼과 재혼을 반복하는 경우가 때때로 있다. 이들은 그저 잘못을 되풀이한다. 이런 사람들도 상담 센터에 와서 결혼 생활에서 진정한 사랑이 가능한지 물을 것이다. 아니면 이혼을 선택하기 전에 조언을 구할 수도 있다.

3. 사랑과 결혼이라는 과목이 있다면?

어린 시절에 나타나는 작은 과오들이 많이 있지만, 이 과오들은 결혼하기 전까지는 그리 눈에 띄지 않는다. 가령 어떤 사람들은 항상 자신이 실망할 것이라고 생각한다. 이 사람들은 어렸을 때 전혀 행복하지 않았고 자신이 실망하게 될까 봐 늘 두려워했다. 이렇게 자란 아이들은 다른 형제에게 부모의 사랑을 뺏길까 항상 염려한다. 아니면 너무 이른 나이에 어려움을 경험한 탓에, 자신에게 다시 비극이 내릴 것이라는 미신을 가진다. 실망에 대한 이 같은 두려움은 결혼 생활에서 질투와 의심을 낳는다.

자신을 남편의 장난감으로만 느끼거나 남편의 외도로 힘들어하는 여자들이 있다. 이런 생각을 품고 있다면 그녀의 결혼 생활은 결코 행복하다고 볼 수 없다. 배우자가 외도할 수 있다고 의심한다면 행복한 결혼 생활은 불가능하다.

사람들은 늘 사랑과 결혼에 대해 조언을 구한다. 사랑과 결혼이 삶에서 가장 중요한 문제로 여겨지는 것 같다. 물론 중요하기는 하지만 개인 심리학에서는 삶에서 가장 중요한 문제로 보지 않는다. 사랑과 결혼 문제를 지나치게 강조하면 삶의 조화를 잃어버릴 수 있기 때문이다.

사랑과 결혼 문제가 사람들에게 중요하게 다가오는 이유는 무엇일까? 한 가지 이유는 사랑과 결혼을 다루는 정규 교육 과정이 없기 때문이다. 앞서 이야기한 인생의 세 가지 중대한 문제를 다시 떠올려 보자. 첫 번째 문제인 '인간관계'는 태어나는 순간부터 가정 안에서 배우게 된다. 두 번째 문제인 '직업'에 대해서도 정규 훈련을 받는다. 직업 훈련을 시켜 줄

멘토도 있고 도움을 주는 책도 있다.

그렇다면 사랑과 결혼에 대해 조언해 주는 책이 있는가? 물론 사랑과 결혼을 다룬 책은 많다. 문학 작품도 대부분 사랑에 관한 이야기다. 하지만 행복한 결혼 생활을 다룬 책은 거의 없다. 우리 문화는 사랑을 다룬 문학 작품이나 멜로드라마와 밀접하게 연결되어 있다. 이러한 문학 작품이나 멜로드라마에 등장하는 남녀는 항상 어려움을 겪고 있다. 그러니 사람들이 결혼에 대해 걱정하고 조심하는 것이 당연하다.

결혼은 인류가 탄생한 이래 계속 이어져 온 관습이다. 성서를 보면 여자가 처음에 모든 문제를 일으켰고, 이후 남자와 여자는 애정 생활을 영위하면서 항상 큰 위기에 봉착한다는 이야기가 나온다.

우리 교육은 엄격한 예방에 치중해 왔다. 아이들이 잘못을 저지르지 못하도록 하는 것이 그 목표다. 하지만 이보다는 <u>여자로서 또는 남자로서 결혼 생활에서 자신의 역할을 잘 감당할 수 있도록 인성을 교육하는 것이 더 현명한 일이다.</u> 아울러 남자와 여자가 동등하다는 인식도 함께 심어 주어야 한다.

여성이 남성에게 열등감을 느낀다는 사실은 우리 문화가 실패했다는 증거다. 이 점을 믿기 힘들다면 여성이 기를 쓰고 노력하는 현실을 보라. 여성은 다른 사람을 이기려고 필요 이상으로 자신을 계발하고 노력한다. 그러다 보니 여성은 남성보다 자기중심적인 성향이 강하다. 앞으로는 여성이 사회적 관심을 가지고 다른 사람을 배려하면서 자기 이익만 추구하지 않도록 가르쳐야 한다. 그리고 이를 위해 먼저 남성의 특권에 관한 미신부터 추방해야 한다.

4. 사회적 적응이 사랑의 묘약

아직 결혼할 준비가 되지 않은 사람들의 경우를 살펴보자. 한 젊은 청년이 결혼을 약속한 처녀와 함께 무도회에서 춤을 추고 있었다. 그때 갑자기 청년의 안경이 떨어졌다. 청년은 급히 안경을 주우려다가 그만 처녀를 넘어뜨릴 뻔했다. 주위에 있던 사람들도 모두 깜짝 놀랐다. 나중에 한 친구가 "대체 왜 그랬어?"라고 청년에게 물었다. 청년은 이렇게 대답했다. "내 안경을 밟아 부수도록 내버려 둘 순 없잖아." 청년은 아직 결혼할 준비가 되어 있지 않았다. 실제로 처녀도 청년과 결혼하지 않았다.

훗날 청년은 의사를 찾아와 우울증에 시달리고 있다고 호소했다. 우울증은 자신에게 지나치게 관심이 많은 사람이 흔하게 걸리는 병이다.

어떤 사람이 결혼할 준비가 되어 있는지 보여 주는 신호들은 아주 많다. 예컨대 별 이유 없이 매번 약속 시간에 늦는 사람은 사랑한다 하더라도 신뢰하지 말아야 한다. 줏대 없이 망설이는 태도가 삶의 과제에 대응할 준비가 아직 덜 되었다는 것을 보여 주는 증거다.

배우자를 가르치려 들거나 비판하는 사람도 아직 결혼할 준비가 덜 된 것이다. 예민한 성격도 열등 콤플렉스의 징조이기 때문에 좋지 않은 신호다. 친구가 한 명도 없고 모임에 자연스럽게 섞이지 못하는 사람도 결혼할 준비가 되어 있지 않은 사람이다. 직업 선택을 미루는 것도 좋은 신호가 아니다. 간혹 비관적인 태도를 보이는 사람도 있는데, 비관주의는 현재 상황에 직면할 용기가 부족하다는 증거이므로 이 사람도 결혼 생활에 부적합하다.

바람직하지 못한 배우자 유형이 적힌 목록은 길다. 하지만 괜찮은 사람을 선택하는 일을 너무 어려워해서도 안 된다. 이상적인 사람을 반드시 찾게 될 것이라고 기대하는 것도 곤란하다. 어떤 사람이 결혼할 이상형을 찾을 때 아무도 선택하지 못하고 있다고 하자. 그렇다면 오히려 이 사람이 자신의 머뭇거리는 태도 때문에 어려움을 겪고 있는 사람일 것이다. 이런 사람은 추구하는 일에 전혀 진전을 보이지 못한다.

옛날 독일 시골에서는 남녀가 결혼할 준비가 되어 있는지 확인하는 방법이 있었다. 손잡이가 두 개 달린 톱을 커플에게 주면 각자 톱의 한쪽을 잡고 나무의 몸통을 자른다. 그사이에 친척들은 주위를 에워싸고 커플이 톱질하는 모습을 지켜보았다. 나무를 자르는 일은 온전히 두 사람만의 몫이다. 상대방에게 집중해 호흡을 잘 맞춰야 한다. 따라서 이 방법은 남녀가 결혼 준비가 되어 있는지 시험해 보는 매우 좋은 방법이라고 할 수 있다.

마지막으로 <u>사회에 잘 적응하는 사람이 사랑과 결혼 문제도 잘 해결한다는 사실을 다시 한 번 강조하고 싶다.</u> 대부분의 문제는 사회적 관심이 부족해서 생긴 결과이므로 사람이 변해야 문제도 비로소 사라진다. 결혼은 두 사람만의 과업이다. 우리는 혼자 수행하는 과업이나 20명이 함께 수행하는 과업에 대해서는 충분한 교육을 받았다. 하지만 남녀 두 사람이 수행할 과업에 대한 교육은 받지 못했다. 그럼에도 두 사람이 상대방의 부족함을 인정하면서 서로 대등하다는 인식을 가지고 모든 일에 접근한다면 결혼 생활을 무난하게 꾸려 나갈 수 있을 것이다.

최고의 결혼 형태가 일부일처제라는 말을 굳이 덧붙일 필요는 없을 것 같다. 일부다처체가 인간 본성에 더 적합하다고 주장하는 사이비 과학자들도 있다. 하지만 이 주장은 받아들일 수 없다. 우리 문화에서 사랑과 결혼은 사회적 임무이기 때문이다. 우리는 개인적 선(善)만이 아니라 간접적으로는 사회적 선을 위해 결혼을 하는 것이다. 이 장에서 살펴보았듯 결혼은 온 인류를 위한 것이어야 한다.

KEY POINT 사랑과 결혼

- 사랑과 결혼에 적합한 사람은 삶의 과제에 직면할 용기와 자신감이 있고 타인과 잘 어울린다.
- 사랑과 결혼 문제는 남녀가 서로 평등하다는 의식이 바탕이 되어야 한다.
- 열등 콤플렉스에 시달리는 사람은 결혼 생활에서도 심각한 문제를 일으킨다.
- 인간관계나 직업처럼 사랑과 결혼에도 준비와 훈련이 필요하다.
- 사랑과 결혼 문제도 결국 개인의 생활 양식을 바꿔야 해결된다.

PART 12
과시하지 않는 성

성욕과 성 문제

All appetites and interests have to be controlled and harmonized.
모든 욕구와 흥미는 통제를 받고 조화를 이루어야 한다.

1. 성욕이 유전된다는 미신

사랑과 결혼에 관한 일반적인 문제들을 다룬 앞 장에 이어, 이 장에서는 같은 주제를 좀 더 구체적으로 살펴보려고 한다. 이를테면 성과 관련된 문제를 살펴보고 이러한 성 문제가 현실 속 혹은 공상 속 비정상 성향에 어떤 영향을 끼치는지 알아볼 것이다. 대부분의 사람들이 다른 문제에 비해 애정 생활에 대해서는 준비나 훈련이 잘되어 있지 않다는 사실을 우리는 이미 알고 있다. 성 문제와 관련해서는 더욱 그렇다. 성욕 문제에 대해서는 없애야 할 미신들이 굉장히 많다.

가장 흔한 미신은 유전에 관한 것이다. 즉 성욕은 사람마다 달리 타고나는 것이며 변하지 않는다는 믿음이다. 유전에 관한 이 믿음은 너무도 쉽게 변명이나 핑곗거리로 이용되고 있어 개선의 여지를 없애고 있다. 따라서 이러한 종류의 의견이 과학을 토대로 내놓은 것이라도 그 가운데 몇몇은 검증해 볼 필요가 있다. 일반인들은 성욕에 관한 이러한 견해를 매우 진지하게 받아들이고 있다. 하지만 성욕이 유전이라고 주장한 과학자들은 오직 연구 결과만 제시한다. 그 결과에 영향을 끼치는 다른 요소들, 즉 억제력이나 인공적인 성적 자극에 대해서는 거론하지 않는다.

2. 아이의 성에 호들갑은 금물!

성욕은 아주 어릴 때부터 존재한다. 아이를 주의 깊게 관찰해 보자. 태어난 지 얼마 안 된 아이에게서도 성적인 자극과 움직임을 엿볼 수 있을 것이다. 하지만 성욕의 표현은 생각보다 환경에 많이 좌우된다. 아이가 자신을 이러한 방식으로 표현하기 시작할 때 부모는 아이의 기분을 전환해 줄 수 있는 방법을 찾아야 한다. 그러나 부모들은 간혹 아이의 기분을 전환할 수 있는 적당한 방법을 찾지 못하거나 활용하지 못한다.

만일 아이가 어렸을 때 성의 올바른 기능을 깨닫지 못하면 아이의 성적 욕구는 더 강해질 것이다. 우리는 앞에서 이와 같은 일이 신체 기관의 기능이 약한 아이에게 일어나는 것을 보았다. 생식기의 경우도 다른 신체 기관의 경우와 마찬가지다. 하지만 어린 나이라면 아이를 올바른 쪽으로 훈련시킬 수 있다.

일반적으로 어린 시절에 성적 표현을 하는 것은 정상이라고 말한다. 따라서 아이의 성적 표현에 놀라지 말아야 한다. 각자의 성이 추구하는 목표는 결국 다른 성과의 결합이다. 우리가 할 일은 지켜보면서 기다리는 것이다. 아이 곁에서 아이의 성적 표현이 그릇된 방향으로 발전하지

<u>않도록 도와주어야 한다.</u>

실제로 어린 시절부터 해 온 훈련에서 비롯한 결과를 유전적 결핍 탓으로 돌리는 경향이 있다. 훈련되어 나타나는 행위를 타고난 특성으로 간주하기도 한다. 그래서 아이가 이성보다는 동성에 더 관심을 보이면 유전적 장애로 간주한다. 하지만 이 장애는 아이가 매일매일 발전시켜 온 것이다. 간혹 아이든 어른이든 '성도착증(sex perversion)'을 보일 때가 있다. 많은 사람들이 성도착증도 유전 때문에 발생한다고 생각한다. 그것이 사실이라면 왜 그런 사람들이 질병에서 벗어나려고 노력을 하겠는가? 왜 더 나아질 미래를 꿈꾸며 연습을 하겠는가?

어떤 사람들은 어느 시기에 이르면 훈련을 멈춘다. 이는 개인 심리학으로 설명이 가능하다. 이들 가운데 실패를 두려워하는 사람들이 있다. 이들은 열등 콤플렉스를 가지고 있다. 반대로 지나치게 훈련을 많이 하는 바람에 우월 콤플렉스를 가지게 된 경우도 있다. 이 경우에는 마치 과도한 성욕을 가진 사람처럼 과장된 움직임을 보인다. 이런 사람들은 실제로 대단한 생식력을 소유하고 있을지도 모른다.

이런 유형은 특히 환경에 자극을 받는다. 사진이나 책, 영화 또는 사교 활동이 성적 충동에 지나친 방점을 찍는 경향이 있다. 오늘날은 주변의 모든 것이 성에 대한 관심을 지나치게 불러일으키는 것 같다. 그렇다고 해서 신체적 욕구의 중요성을 절하할 필요는 없다. 성적 욕구가 인간의 사랑과 결혼, 생식에 중요한 역할을 하고 있다는 사실도 마찬가지다.

<u>부모들이 가장 주의해야 할 점은 아이의 성에 지나치게 관심을 보이는 것이다.</u> 아이의 첫 성적 표현에 어머니가 지나치게 관심을 가지면, 아이는 성의 의미를 과대평가하게 된다. 그러면 어머니는 충격을 받고 아이

를 늘 꾸짖고 벌줄 것이다. 많은 아이가 관심의 대상이 되고 싶어 한다는 사실을 우리는 이미 알고 있다. 이런 아이가 특정 버릇을 버리지 않고 지속하는 것도 그 버릇 때문에 꾸지람을 듣기 때문이다. 따라서 그 주제만 지나치게 강조할 것이 아니라 일상의 다른 문제들과 함께 이야기하는 것이 바람직하다. 아이에게 충격을 받았다는 인상을 주지 않으면 문제를 더 쉽게 풀어 나갈 수 있을 것이다.

어머니는 아이에 대한 애정이 넘쳐 그 마음을 입맞춤과 포옹 등으로 표현한다. 그러나 이런 행동도 지나치면 좋지 않다. 건전한 행동이지만 과도해서는 안 된다. 아이를 자식이 아닌 원수로 대하는 것이나 마찬가지다. 응석받이로 자란 아이는 성적으로 제대로 발달하지 못한다는 점을 잊지 말아야 한다.

3. 생활 양식이 성욕을 형성한다

많은 의사와 심리학자 들이 성욕의 발달이 신체뿐 아니라 마음과 정신의 발달에 바탕이 된다고 믿는다. 하지만 나는 그렇게 보지 않는다. 성욕의 형성과 발달은 개인의 생활 양식과 원형에 좌우되기 때문이다.

예를 들어 한 아이는 자신의 성욕을 표현하려 하고, 또 어떤 아이는 성욕을 억누르려 한다고 하자. 우리는 두 아이가 나중에 어른이 되어 어떤 일을 겪게 될지 짐작할 수 있다. 만약 아이가 관심을 받고 싶어 하고 사람들을 정복하길 원한다면, 이를 위해 성욕을 발달시킬 것이다.

많은 남자가 자신의 성적 본능을 일부다처제식으로 표현하면서 스스로를 우월하다고 여긴다. 그들은 여러 사람과 성관계를 갖거나 심리적 이유로 성적 욕구나 태도를 과장한다. 이를 통해 정복자가 될 것이라고 생각한다. 물론 착각이다. 이 착각은 열등 콤플렉스에 대한 보상으로 작용한다.

<u>비정상적인 성행위의 핵심에는 열등 콤플렉스가 자리하고 있다.</u> 열등 콤플렉스에 시달리는 사람은 항상 열등 콤플렉스에서 빠져 나올 쉬운 길을 찾는다. 간혹 삶의 다른 부분은 대부분 배제하고 오로지 성생활만 과장함으로써 그 길을 찾는 사람도 있다.

이런 경향은 아이들에게서 자주 발견된다. 흔히 다른 사람을 차지하려고 하는 아이들에게서 볼 수 있다. 이들은 문제를 일으킴으로써 부모나 교사를 차지한다. 나중에 어른이 되어서도 이런 식으로 다른 사람을 차지하고 우월감을 느낄 것이다. 이런 아이들은 성적 욕구와 정복 욕구를 혼동하며 자란다. 이들은 삶의 가능성과 과제 가운데 일부를 무시한다. 가령 이성을 완전히 배제하고 동성애에 알맞게 자신을 훈련시키기도 한다. 성도착자들에게서 과도한 성욕이 발견된다는 사실도 중요하다. 성도착자들은 정상적인 성생활에서 직면할 수도 있는 문제를 피하기 위해 일부러 도착적인 성향을 과장한다. 일종의 보험을 드는 것이다.

이 모든 것은 성도착자들의 생활 양식을 파악할 때 비로소 이해할 수 있다. 관심을 많이 받고 싶어 하는 사람이 있다고 하자. 하지만 아직 자신이 이성의 관심을 충분히 끌지 못할 것이라고 생각한다. 그는 이성에 대해 열등 콤플렉스를 가지고 있다. 이 콤플렉스는 어린 시절까지 거슬러 올라간다. 예를 들어 가족 중 딸이나 어머니가 자신보다 더 매력적이라고 느꼈다면, 그는 여자들의 관심을 끌 힘이 자신에게 없다고 생각할 수 있다. 이성을 매우 동경한 나머지 그들을 모방할지도 모른다. 여자처럼 보이려는 남자나 남자처럼 보이려는 여자는 바로 이 과정에서 나타난다.

4. 열등 콤플렉스가 비정상적 성행위를 부른다

아이들을 상대로 한 가학 성애(sadism)로 고발된 남자가 있다. 이 경우는 지금까지 이야기한 성향이 어떻게 형성되는지 잘 보여 준다. 이 남자의 성장 과정을 조사하는 과정에서 어머니가 독재적이었고 항상 아들을 비난했다는 사실이 밝혀졌다. 그럼에도 그 남자는 바르고 똑똑한 학생으로 성장했다. 하지만 어머니는 그런 아들에게 만족하지 못했다. 이 때문에 남자는 어머니에게 관심을 가지지 않게 되었다. 반면, 아버지에게 관심을 보이며 지나친 애착심을 보였다.

이런 사람은 여자란 엄하고 혹평만 일삼는 사람이라고 생각한다. 여자들과의 만남은 결코 유쾌할 수 없다고 믿기 때문에 필요한 상황이 아니면 접촉을 피해야 한다고 생각하기도 한다. 그는 이런 이유로 점점 이성을 배제한다. 더군다나 이 남자는 두려움을 느끼면 성적 자극을 받는 사람이었다. 그는 불안에 떨고, 이로 인해 성적 자극을 받는 와중에도 항상 불안에서 벗어나기 위해 애썼다. 이런 사람은 나중에는 자신을 학대하거나 학대받는 아이를 지켜보는 것을 즐기게 된다. 이러한 행위를 상상만 해도 성적 자극과 만족을 느끼기도 한다.

이 남자의 경우를 살펴보면 그동안 훈련을 제대로 받지 못했다는 사실을 알 수 있다. 남자는 자기가 왜 그런 습관을 지니게 되었는지 잘 모를 것이다. 안다고 해도 이미 너무 늦어 버렸다. 훈련하기에 가장 적합한 시기는 어린 시절이다. 20대 후반에 제대로 된 훈련을 시작하기란 쉽지 않다.

하지만 어린 시절에는 부모와의 심리적 관계 때문에 문제가 복잡하다. 아이와 부모의 심리적 갈등으로 말미암아 성적 훈련이 잘못 이루어질 수 있다는 점은 흥미롭다. 호전적인 아이는 특히 청소년기에 부모를 괴롭힐 의도로 성욕을 악용하기도 한다. 청소년들은 부모와 싸운 후 성관계를 맺는 경우가 많다고 한다. 부모가 성관계에 민감하게 반응할 경우, 청소년들은 부모에게 복수할 수단으로 성관계를 이용한다. 호전적인 성향을 지닌 아이는 언제나 이와 같은 공격 방식을 취한다.

아이의 이러한 전술(戰術)에 당하지 않는 유일한 방법은 아이 스스로 책임을 지도록 하는 것이다. 이를 위해서는 **아이의 성관계가 부모만의 관심사가 아니고, 아이 자신이 책임져야 하는 일임을 부모가 아이로 하여금 깨닫게 해야 한다.**

이렇듯 생활 양식에 반영되는 어린 시절의 환경은 개인의 성욕에 영향을 끼친다. 국내의 정치적·경제적 조건들도 성욕에 영향을 끼친다. 정치적·경제적 조건들은 전염성이 매우 강한 사회 풍조를 야기한다. 러일 전쟁에서 패배하고 첫 번째 혁명이 완전히 실패한 후, 러시아 사람들은 모두 희망과 자신감을 상실했다. 그때 사니니즘(Saninism, 육체적 쾌락과 성욕을 찬미하는 경향이나 태도, 성 해방을 의미하는 용어로서 러시아 작가 아르치바셰프의 장편 소설 『사닌(Sanin)』에서 유래했다. — 역주)이라는 거대한 성 해방 운동이 전개되었다. 혁명 기간이나 전쟁 때도 비슷한 현상을 볼 수 있다. 이 시기에 인생은 무가치해 보이기 때문에 사람들은 성적 쾌락에 집착한다.

사람이 심리적 긴장을 풀기 위해 성욕을 이용한다는 점을 누구보다 경찰이 잘 이해하고 있다는 사실이 재미있다. 유럽에서는 범죄가 발생하면 경찰은 매음굴부터 조사해 수배 중인 살인자나 범죄자를 찾아낸다. 범인들이 매음굴을 찾는 이유는 범행 후에 느끼는 극도의 긴장감을 풀기 위해서다. 이곳에서 범죄자들은 자신의 힘을 확인하고 싶어 한다. 자신이 막강한 존재라는 것을 확인하고 실패한 영혼이 아니라는 것을 증명하려고 한다.

5. 억제하지도 말고 탐닉하지도 마라

어느 프랑스인이 인간은 배고프지 않아도 먹고, 목마르지 않아도 마시고, 시도 때도 없이 성관계를 하는 유일한 동물이라고 했다. 성 본능에 탐닉하는 것은 다른 욕구들에 탐닉하는 일과 크게 다르지 않다. 오늘날에는 존재하는 모든 욕구가 지나치게 활동하고, 모든 관심이 과도하게 발달한다. 그러다 보니 삶의 조화가 깨지고 있다.

심리학자들의 상담 기록에는 욕구나 관심이 강박 수준에까지 도달한 사람들의 이야기로 가득하다. 돈의 중요성을 지나치게 강조하는 수전노들의 사례는 이제 흔한 이야기다. 청결을 가장 중요시하는 사람들의 사례도 있다. 이들은 무엇을 하든 그 전에 손을 꼭 씻는다. 낮 시간 내내 씻는 것도 모자라 밤에도 손을 씻는다. 그런가 하면 먹는 것을 무엇보다도 중요하게 생각하는 사람들도 있다. 그들은 하루 종일 먹고, 오로지 먹는 것에만 관심을 쏟으며, 먹는 것 외에 다른 이야기는 하지 않는다.

성적 탐닉도 이와 비슷하다. 성에 탐닉하는 사람들의 활동은 전체적으로 균형이 깨져 있다. 필연적으로 그들은 삶의 무익한 방향으로 생활 양식을 끌고 간다.

<u>성 본능을 제대로 훈련하려면 성욕을 삶의 유익한 목표와 연결해야 한다. 삶의 목표가 올바르게 설정되어 있다면 성욕도 지나치게 강조되지 않을 것이다.</u> 삶의 다른 면과 마찬가지다.

모든 욕구와 흥미는 통제를 받고 조화를 이루어야 한다. 하지만 완전히 억제하는 것은 오히려 위험하다. 다이어트를 심하게 하면 몸과 마음이 모두 망가지듯, 성적인 문제에서도 철저한 금욕은 바람직하지 않다.

이 말은 정상적인 생활 양식을 가진 사람이라면 성생활에 별 문제가 없다는 뜻이다. 그렇다고 자유로운 성생활로 신경증 — 균형이 깨진 생활 양식의 증표 — 을 극복할 수 있다는 말은 아니다. 억눌린 리비도(libido, 사람이 날 때부터 가지고 있는 성욕이나 성적 충동을 말한다. 프로이트 정신분석학의 기초 개념이다. — 역주)가 신경증의 원인이라는 주장은 널리 알려져 있지만, 진실이 아니다. 오히려 그 반대라고 할 수 있다. 신경증에 시달리는 사람들은 성욕을 제대로 표현할 수 없다.

성욕을 좀 더 자유롭게 표현하라는 조언에 따르다가 오히려 사태를 악화시킨 사람들도 있다. 자신의 성생활을 사회적으로 유익한 목표와 연결시키지 못했기 때문이다. 사회적으로 유익한 목표만이 신경 증세를 호전시킬 수 있다. 성욕 표현이 신경증을 고치는 것이 아니다. 신경증은 생활양식에서 드러나는 질병이기에 생활 양식을 고쳐야 신경증도 치료할 수 있다.

개인 심리학을 연구하는 심리학자에게는 이 모든 문제가 아주 명쾌해 보인다. 그는 행복한 결혼 생활이 성적 문제를 해결할 유일한 방법이라고 말하는 데 주저하지 않을 것이다. 신경증 환자는 이 해결책을 호의적으로 생각하지 않는다. 겁도 많고 사회생활에 대한 준비가 되어 있지 않기 때문이다. 성욕을 과장하거나 일부다처제, 우애결혼(결혼 생활을 하기 전에 피임과 이혼의 자유를 인정하면서 시험적으로 함께 사는 결혼. 우애를 기초로 한다. ─ 역주), 계약 결혼 등을 강조하는 사람들도 호의적이지 않다. 이들에게는 남편과 아내의 상호 협력을 바탕으로 '사회적 적응' 문제를 해결하려는 의지가 없다. 그래서 새로운 형식으로 도피하고자 하는 것이다. 하지만 험난한 길이 가장 빠른 길일 때도 있다.

📕 KEY POINT 성욕과 성 문제

- 성욕은 유전이 아니라 어린 시절부터 시작한 자기 훈련의 결과다.
- 아이의 성적 표현은 지극히 자연스러운 현상이다. 다만 그릇된 방향으로 나아가지 않도록 지켜볼 필요가 있다.
- 개인의 생활 양식과 원형이 성욕에 영향을 끼치는 것이다. 그 반대가 아니다.
- 비정상적인 성행위의 핵심에는 열등 콤플렉스가 자리하고 있다.
- 생활 양식이 바로잡혀야 성생활을 비롯한 삶의 모든 부분이 균형을 이룬다.

PART 13
열등감을 넘어서

Conclusion

결론

Inferiority is the basis for human striving and success.
열등이란 인간의 노력과 성공의 바탕이다.

지금까지 연구한 내용을 토대로 결론을 내릴 시간이 되었다. 우리는 주저하지 않고 다음과 같은 사실을 고백할 수 있다. 개인 심리학의 방법은 '열등'이라는 문제에서 시작해서 '열등'이라는 문제로 끝난다.

앞에서 보았듯이 열등이란 인간의 노력과 성공의 바탕이다. 동시에 모든 심리적 부적응 문제의 원인이기도 한다. 개인이 구체적이고 제대로된 '우월 추구의 목적'을 찾아내지 못하면 열등 콤플렉스를 앓게 된다. 열등 콤플렉스는 도피하고자 하는 욕구를 낳고, 도피하고자 하는 욕구는 우월 콤플렉스로 나타난다. 우월 콤플렉스는 삶의 무익한 편에 설정된 목표에 불과하다. 우월 콤플렉스를 앓는 사람은 거짓 성공으로 만족감을 얻는다.

이것이 인간 심리의 역동적 메커니즘이다. 더 구체적으로 살펴보자. 정신 기능에 문제가 발생하는 '시기'가 중요하다. 특정 시기에 일어난 문제는 다른 시기에 일어난 문제보다 더 해롭다. 생활 양식은 어린 시절에 형성된 성향, 다시 말하자면 4~5세에 형성된 원형으로 굳어진다. 그러므로 마음과 정신이 건강하려면 어린 시절에 적절한 교육과 도움을 받아야 한다.

아이 교육의 궁극적 목표는 아이 안에 사회적 관심을 올바르게 배양하는 것이다. 이를 바탕으로 아이가 유익하고 건강한 삶의 목표를 세울 수 있도록 도와야 한다. 누구나 열등감을 가지고 있지만 이 열등감이 열등 콤플렉스나 우월 콤플렉스로 발전하지 않도록 막아야 한다. 이는 아이들이 사회에 적응하는 훈련이 되어 있을 때에만 가능하다.

사회적 적응과 열등의 문제는 동전의 양면이다. 인간이 사회를 이루고 사는 이유는 개개인이 열등하고 미약한 존재기 때문이다. 따라서 사회적 관심과 협력은 개인을 구원하고 행복으로 이끈다.

📕 KEY POINT 결론

- 어린 시절에 사회적 적응을 위한 적절한 교육과 훈련을 받아야 한다. 열등 콤플렉스 없이 건강하고 유익한 삶을 살 수 있는 방법이다.
- 사회적 관심과 협력이 개인을 구원하고 행복으로 이끈다.